本书获广东省高水平大学建设项目
暨南大学“华侨华人与国际问题研究”学科组团建设经费资助

本书为2016年教育部人文社会科学重点研究基地重大项目《华侨华人与我国“一带一路”战略的实施》阶段性成果

（项目批准号：16JJD810006）

教育部人文社会科学重点研究基地
Key Research Institute of Humanities and Social Sciences at Universities
暨南大学华侨华人研究院
Academy of Overseas Chinese Studies in Jinan University

·世界华侨华人研究文库·

在地化与文化传承

第一届婆罗洲华人国际学术研讨会论文集

主　编　石沧金
副主编　蔡增聪

暨南大學出版社
JINAN UNIVERSITY PRESS
中国·广州

图书在版编目（CIP）数据

在地化与文化传承：第一届婆罗洲华人国际学术研讨会论文集/石沧金主编；蔡增聪副主编. —广州：暨南大学出版社，2017. 8
（世界华侨华人研究文库）
ISBN 978 -7 -5668 -1973 -4

Ⅰ. ①在… Ⅱ. ①石… ②蔡… Ⅲ. ①华人—东南亚—国际学术会议—文集 Ⅳ. ①D634. 333 -53

中国版本图书馆 CIP 数据核字(2016)第 251859 号

在地化与文化传承：第一届婆罗洲华人国际学术研讨会论文集
ZAIDIHUA YU WENHUA CHUANCHENG：DIYIJIE POLUOZHOU HUAREN GUOJI XUESHU YANTAOHUI LUNWENJI
主　编：石沧金　副主编：蔡增聪

出 版 人：徐义雄
策划编辑：黄圣英
责任编辑：牛　攀
责任校对：周海燕　邓丽藤
责任印制：汤慧君　周一丹

出版发行：暨南大学出版社（510630）
电　　话：总编室（8620）85221601
营销部（8620）85225284　85228291　85228292（邮购）
传　　真：（8620）85221583（办公室）　85223774（营销部）
网　　址：http：//www. jnupress. com
排　　版：广州市天河星辰文化发展部照排中心
印　　刷：广州家联印刷有限公司
开　　本：787mm × 1092mm　1/16
印　　张：9. 5
字　　数：184 千
版　　次：2017 年 8 月第 1 版
印　　次：2017 年 8 月第 1 次
定　　价：28. 00 元

参会学者合影（蔡增聪提供）

2015 年婆罗洲华人国际学术研讨会开幕式（蔡增聪提供）

参会学者于砂拉越科技大学交流（石沧金拍摄）

参会学者拜访诗巫福州公会（石沧金拍摄）

总　序

在20世纪，华侨华人问题曾经四次引起学术界关注。第一次是20世纪初关于南非华工的问题；第二次是“一战”后欧洲华工问题；第三次是五六十年代东南亚国家出现的“排华”问题；第四次则是80年代中国经济崛起与海外华侨华人关系的问题。每次华侨华人研究成为研究热点时，都有大量高水平研究著作问世，不胜枚举。

进入21世纪以来，随着全球化进程的加速和中国国际化水平的提升，海外华侨华人与中国的发展日益密切，华侨华人研究掀起了新一轮高潮。华侨华人研究机构由过去只有暨南大学、厦门大学、北京大学、华侨大学等少数几家壮大至目前遍布全国的近百所科研院校，研究领域从往昔以华侨史研究为主，拓展至华人政治、华人经济、华商管理、华文教育、华人文学、华文传媒、华人安全、华人宗教、侨乡研究等涉侨各个方面，研究方法也逐渐呈现出多学科交叉的趋势，融入政治学、历史学、社会学、民族学、教育学、新闻与传播学、经济学、管理学、法学等学科方法与视角。与此同时，政府、社会也愈益关注华侨华人研究。国务院侨办近年来不断加大研究经费投入，并先后在上海、武汉、杭州、广州等地设立侨务理论研究基地，凝聚了一大批海内外专家学者，形成了华侨华人研究与政府决策咨询相结合的科学发展机制。而以社会力量与学者智慧相结合的华商研究机构也先后在复旦大学、清华大学等地成立，闯出了一条理论研究与社会实践相结合的华侨华人研究新路径。

作为一所百年侨校，暨南大学在中国华侨华人研究中具有特殊的地位。暨南大学创立于1906年，是中国第一所华侨高等学府。华侨华人研究是学校重要的学术传统和特色。早在1927年，暨南大学便成立了南洋文化事业部，网罗人才，开展东南亚及华侨华人的研究，出版《南洋研究》等刊物。1981年，经教育部批准，暨南大学在全国率先成立华侨华人研究的专门学术机构——华侨研究所，由著名学者朱杰勤教授担任所长。1984 年在国内招收首批华侨史方向博士研究生。1996 年后华侨华人研究被纳入国家“211 工程”1—3 期重点学科建设行列，2000 年获批教育部人文社会科学重点研究基地（华侨华人研究）。暨南大学于 2006 年成立了华侨华人研究院，并聘请全国政协常委、国务院侨务办公室原副主任刘泽彭出任院长和基地主任。2011 年，学校再次整合提升华侨华人研究力量，将华侨华人研究院与国际关系学系（东南亚研究所）合并成立国际关系学院/华侨华人研究院，继续聘请刘泽彭同志出任华侨华人研究院院长和基地主任，由华侨华人与国际问题研究知名专家曹云华教授出任国际关系学院院长兼华侨华人研究院执行院长。同时，学校还加大科研经费投入，努力打造“华侨华人研究优势学科创新平台”。研究院在加强自身科研能力的基础上，采取以研究项目、开放性课题为中心，学者带项目、课题进院的工作体制，致力于多学科和国际视野下的前沿研究，立足于为国家的改革开放和现代化建设服务，为社会服务，为政府决策咨询服务，努力将之建设成为世界一流的学术研究机构和人才培养基地。

值华侨华人研究在中华大地百花齐放、百家争鸣之际，为进一步彰显暨南大学科研特色，整合校内外相关研究力量，发掘华侨华人研究新资源，推动华侨华人研究学科的发展，暨南大学华侨华人研究院在 2012 年推出了“世界华侨华人研究文库”。文库的著作多为本校优势学科的前沿研究成果，作者中既有资深教授、学科带头人，也有学界新秀。他们的研究成果从多学科视野探索了国内外华侨华人研究的一些新问题、新趋势，具有较高的学术价值和现实意义。截至 2016 年年底，文库已经出版三批 23 本，在华侨华人研究领域引起了不错的反响。

2015 年 6 月，暨南大学入选广东省高水平大学重点建设高校，“华侨华人与国际问题研究”成为学校高水平建设重点支持的一个学科组团。为了进一步发挥暨南大学的华侨华人研究优势，学院决定继续组织出版这套丛书。丛书的经费来源从之前的“211 工程”和暨南大学“华侨华人研究优势学科创新平台”变为广东省高水平大学建设暨南大学“华侨华人与国际问题研究”学科组团，编委会也随人员变动做了一些调整。

本套丛书的出版得到学校领导的大力关心与支持。国际关系学院/华侨华人研究院领导与部分教师特别是高水平大学建设学科组团中的华侨华人与跨国移民研究团队的教师们也付出了艰辛的劳动，他们在策划、选题、组稿、编辑、校对等环节投入大量精力。同时，暨南大学出版社对丛书出版也给予高度重视，组织最优秀的编辑团队全程跟进，并积极申报国家出版基金项目，获得立项资助。在此，我们对所有为本丛书出版付出宝贵心血与汗水的同仁致以最衷心的感谢！

在前面三批的总序中，我们表示“期盼本丛书的出版能在华侨华人研究领域激起一点小浪花”。现在看来，已部分达到了目的，尽管如此，我们仍坚持不忘初心，继往开来，汇聚国内外华侨华人研究的朵朵浪花，把这套文库办成展现全球华侨华人研究优秀成果的一个主要平台。

《世界华侨华人研究文库》编委会

2017 年 6 月

开幕词（代序）

黄顺舸①

海水到处有华人，华人到处必可看到同胞对文化的奋力推广与积极传承。中华文化被视为具有高度韧性的文化，即使时空转移，中华儿女重视文化的基因也不会变，哪怕是物资匮乏的年代，我们的文化始终展现出最顽强的生命力，推动族群延续传承的使命。

但是，我们不能否认，在历史的长河当中，我们还是遭遇了某种程度的文化冲击，唯让我们欣慰的是，中华文化的优质本面基本保持不变，只是随着华人在世界不同角落落地生根，出现在地化的成分，或者因为通婚等人口交流，形成一种新的文化特质。

我们不能盲目指责文化的在地化是忘本的行为，不过，我们不能忽视探讨的必要性，而是以切实的眼光去考究华人文化在时代与环境变迁下，每一个足以影响中华族群和文化未来的元素，我想这也是华人研究机构比如砂拉越华族文化协会，以及暨南大学华侨华人研究院联办此项“婆罗洲华人国际学术研讨会”的原因之一。

这是十分严肃，但也相当有趣的议题，比方说，尽管马来西亚是一个多元民族国家，华人也不是人数最多的民族，可是，马来西亚华社却常常受到赞美，说我们保存了许多中华文化最完整的面貌。

最近西马半岛发生了令人遗憾的事件，某些偏激的人士借题发挥，把华人描绘成无商不奸的民族，值得庆幸的是，同一时间，也有许许多多的友族同胞挺身而出，为华人的经商有道作保证。实际上，我们的文化督促我们采纳儒商之道，也就是具备德行与文化素养的经商之道，今时今日，华人在世界经济舞台的成就，绝对不是因为无商不奸，而是基于华商讲求公道、待客至上，以诚信与口碑开辟了经济舞台的一席之地。

在地化是好是坏，见仁见智，只是要在一个多元民族，且华人不是大多数的环境当中，不受在地化丝毫的影响，无疑是说易行难。

我认为，在地化和同化之间，还是有所差异的，前者是在保有原来的文化基

---

① 黄顺舸，马来西亚拿督斯里，沙捞越州第二财政部长兼地方政府及社区发展高级部长。

础上，衍生了新的文化元素，后者则是原有文化的面貌已不复见。至今为止，马来西亚特别是沙捞越，中华文化的面貌还是保有了强烈的文化本质，这是令人欣慰的，也是值得我们继续坚守的局面。

谈到了在地化，华人与居住地友族的关系，以及和祖籍国的联系，也是探讨华人文化转折不可忽视的层面。沙捞越多元和谐的社会，为华人文化在这片土地扎根蔓延，营造了一个有利的环境，让我们享有发展本族文化的权利与自由，同时受到其他民族的尊重，而政府对这种百花齐放的状况，是持鼓励态度的。

我们与祖籍国的联系，可以分成过去、现在和未来三个阶段。过去，我们与祖籍国之间，单纯是同根同生；现在，我们与祖籍国之间，正在推动多元往来；未来，我们则是希望搭上祖籍国兴起于世的列车，包括“一带一路”的落实，成就更远大的民族梦、国家梦、世界梦。

无论任何民族的文化，本质上都应该是和谐的，中华文化更是主张海纳百川，有容乃大。纵观国际，极端主义四处流窜，就连原本和平的地方，也有极端分子蠢蠢欲动。鉴于此，新时代对文化传承的探讨也应该包含“文化肚量”的鼓吹，与其唯我独尊，不如互利共存，减少极端分子浑水摸鱼的机会，让多元社会对他们的挑拨具有更高的免疫力。

中国国家主席习近平先生曾经说过：要讲清楚中华优秀传统文化的历史渊源、发展脉络、基本走向；讲清楚中华文化的独特创造、价值理念、鲜明特色，增强文化自信和价值观自信。

今天，我很荣幸受邀为这场别开生面的研讨会致开幕词，就让我以喜悦和期待的心情，宣布由砂拉越华族文化协会以及暨南大学华侨华人研究院联办的“婆罗洲华人国际学术研讨会”正式揭幕，同时祝愿研讨会能够如习近平主席所说的，厘清中华文化的过去、当今和未来，进而增强中华民族的文化自信，固守我们的文化热忱。

谢谢！

目　录

历史发展

客乡何处：从在地史料看西婆罗洲华人的跨境发展[①]

黄建淳[②]

田野调查所网罗的在地史料，更能贴近华侨华人社会发展的历史脉络，增加研究的说服力。通常进入华人社会的田野当中，第一站就是要找庙，而且越老越好。因为庙有很多珍贵的史料，它是十分珍贵的，从庙里又可以牵引出很多线索，有利于后续访查，例如有利于掌握华人社会的脉络，甚至得到社区领袖的帮助，取得很好的研究素材。本文以西婆罗洲的田野资料来说明在地史料的特色。

第一个例子是位于沙捞越古晋郊区新尧湾的三山国王庙，新尧湾（Siniawan）为客家社区，该三山国王庙历史悠久，香火鼎盛。该区域客家聚落遍布，横跨马来西亚东马的沙捞越，以及印度尼西亚所属的西加里曼丹省。中国文献记载，因历史的客观因素，闽粤人离乡背井，流落到东南亚各地。当中指称，婆罗洲蕴藏了丰富的资源，像金、银、铜、铁，还有锑矿，被誉称为“金山”，也有人称作“新金山”。在18世纪初期，就吸引了相当多的华工前往开矿垦殖，尤以客属华工居多。这些刚到的华工人口比较少，因为人生地不熟，大部分都是以相近的血缘和相同的地缘，也就是同宗的或是同乡的关系相互照应，彼此相互聚集，而后人口越来越多，规模越来越大，在当地同心协力克服困难，生活上亦彼此依靠。因此，随着岁月的推移，移民越多，它的团体就越大。这种不断的相互结盟，最后就发展成为一个员工数以万计的大型的公司组织，在18世纪的西婆罗洲，西加里曼丹已经形成了著名的三大华人公司。坤甸、东万律有兰芳公司，三发则有三条沟公司，此外还有大港公司，大港公司最大而且最早，至于北边石隆门的十二分公司，这是在沙捞越境内于1830年才成立的公司。

18世纪中叶，上述三大华人公司就已经具有非常大的规模，它们的势力范围几乎遍布整个西加里曼丹，而且三大公司有一个共同特征，即它们都是为了开矿而来，故常因此引发大小冲突，这些械斗规模相当大，如同战争，非常可怕。17世纪70年代，三大华人公司的人口将近20万人，华工大部分来自广东的海丰、陆丰、惠来、普宁、揭阳、大埔、梅县等。这些华人公司除了挖金掘矿以

---

① 本文部分内容曾刊登在《华侨华人文献学刊》第一辑《东南亚在地史料与华人社会：以砂印边境客家聚落为例》，经该刊编委会同意收录本书，特此说明。

② 黄建淳，淡江大学历史学系教授。

外，也跟周边的土著民族从事交易买卖，婆罗洲的土著民族有一个特点，即酷爱中国的瓷器及陶制品，上面雕有龙纹的陶瓷制品被他们视为珍宝，有很多老瓮流传至今，其中包括宋代的瓶瓶罐罐，也有更多清代的贸易瓷。除了陶瓮、瓷盘，他们还喜欢中国的玻璃珠、布匹，这些都是当地所没有的。华人也喜欢土著采集的土产，像我们熟悉的燕窝、熊胆、猴胆石、树脂、樟脑，还有珍贵的香木如黑檀、紫檀等。

三大华人公司当中最知名的、史料也最丰富的是兰芳公司。其他如大港公司、三条沟公司的资料都被荷兰东印度公司没收或者毁坏。兰芳公司由来自广东梅县的罗芳伯所创，他在西加里曼丹被称为坤甸王。当时一位从马来半岛到访的英国记者对兰芳公司有深刻印象，他发现该公司人口众多，有官职、法律、赋税、徭役，也有强大的武装。这位英国记者在新加坡的报纸发表的文章将兰芳公司形容为华人共和国，罗香林教授引用这个报道，称兰芳公司为兰芳共和国。时至今日，我们不难想象，它的规模在当时是非常大的，影响也非常大。罗芳伯远近知名，在家乡也家喻户晓，兰芳公司的兰芳关防在 1884 年被荷兰东印度公司掳去了，现在藏在印度尼西亚雅加达博物院。根据史料记载，兰芳公司内部有许多严密的制度，像赋税、徭役等，更重要的是它有自制枪炮、刀械，而且拥有非常强大的武装力量。公司也铸造自己的钱币，也就是所谓的猪仔钱，早先是铜币后转为陶土，主要因为后来铜、铁越来越贵，所以公司后期就用陶土压制，窑烧成这种货币，这就是我们熟知的猪仔钱。它上面没有什么面值，不像现在说的上面是一块钱，写着五块钱，其面值就是看上面的动物图像，比如说一只鹿可以换一只鸡。现存的我们可视为在地史料。猪仔钱职能是用来发放工资，还有金钱借贷，包括当时华工所盛行的消费，叫做烟、酒、赌、当，这个烟不是我们今天的烟，而是鸦片烟，当是典当。华工两袖清风只能用自己的劳力作押，典当所得多半用来吃喝玩乐，烟、酒、赌、当成为华工在海外生活的基本消费。

17 世纪中叶，荷兰借着船坚炮利，在巴达维亚，就是今天的雅加达建置了东印度公司，当时，三大华人公司鼎盛至极。在 1823 年，荷兰东印度公司的势力就控制了西加里曼丹，它借着这些船坚炮利占据了婆罗洲西北沿岸，刚好位于三大华人公司南北的出海口岸，这大大影响到华人公司掘金挖矿，也因此形成了许多干戈。1824 年，荷兰东印度公司利用贿赂收买了兰芳公司领导人刘台二，授予他华人甲必丹头衔。受封为甲必丹成为华人领袖是一种荣誉，但这些甲必丹本来就是华人领袖，并不特别需要被加封，问题在于荷印公司要封你为华人甲必丹，先决条件就是华人认为它可以为他们提供新式武器，包括火炮、长枪、火铳，所以华人公司主要着眼于增加火力，而不是追求名衔。甲必丹的名分就是华人族群的领袖，它的功能在于帮助殖民政府倡导政令，管理华人族群等，成为政府当局跟华人之间重要的桥梁。从客观角度看兰芳公司的领导人，他原本独立自主，是自治的大总长，是一个领袖，从此就变成听命于荷印公司的甲必丹。在当时，三大华人公司往往为矿产之争，未免干戈相向，荷印公司就借着新式武器增强战力为诱饵来挑拨离间，从而使得公司跟公司之间相互争斗，然后逐渐削减华人的势力范围。

三大华人公司领导人，先后受封为荷印公司的甲必丹，当然也陆续接受了荷印公司所资助的武器火力，三大公司的战争，不管谁输谁赢，最大获利者就是荷兰东印度公司。为什么呢？比如甲公司打乙公司，荷印政府提供火炮、长枪、炮弹，只要求打胜后分地若干。对于甲公司而言，这个有利无害，而且我也扩张了领地，但是荷印公司因此可不断地从甲公司分一点，乙公司分一点，不断地战争，它不断地获利，华人的势力越来越小，华人公司原来内部自主掌控的权力就发生了分裂，甚至内讧，发生内战，那么部分成员不愿意寄人篱下，或是成为当时内战、争斗的残部，当然最后就跟原来的公司分道扬镳，另谋出路。

刘善邦就在1830年跟兰芳公司分道扬镳，翻山越岭北移到今天沙捞越石隆门落户。最初他领导的华工就有一千几百人，也因为这些组成了后来的十二分公司，这个十二分公司励精图治，非常强大，大本营就在帽山。另外一个大港公司残部移到沙捞越的英吉利里，成立了十五分公司。十五分公司与十二分公司在加里曼丹原来是相互敌对的，十五分公司本来是大港公司的，十二分公司本来是兰芳公司的，两者势不两立，他们的残部兄弟相争互不往来，在沙捞越境内也没有任何联系，不过也因为一个在英吉利里，另外一个在石隆门，距离比较遥远，没有像以前在加里曼丹那样毗邻，从而未发生明显冲突。这些北移到沙捞越的客籍华工，安家落户差不多十一年后，也就是1841年，英国人 James Brook 在沙捞越建立了布鲁克王朝。布鲁克王朝不是英国殖民政府，它纯属于 James Brook 个人所建立，跟英国殖民政府毫无关系。布鲁克出生在东印度，他的父亲是东印度公司的高级官员，与英属海峡殖民政府关系非常密切，政治关系良好，布鲁克从小耳濡目染，对于近在咫尺的婆罗洲心生向往，希望到当地探险。成年后，布鲁克继承庞大遗产，率领五艘舰队，招兵买马到婆罗洲冒险。他抵达沙捞越时，其当时属于文莱苏丹管辖，但文莱苏丹政权旁落，非常难堪，在地方上有一些侯王，他们名字叫拉者。苏丹就好比中国的皇帝，拉者就好比诸侯。位于沙捞越的诸侯，看到中央式微就不服管制，所以也不愿意按年纳贡缴税，苏丹无力剿伐，无可奈何。彼时文莱苏丹看到布鲁克的来访，喜出望外，希望借着布鲁克的政治关系，能够驱使英国海峡殖民地的海军舰队帮助其平乱，所以文莱苏丹允诺布鲁克，如果能帮助平乱，就封他为当地的拉者，但是要依照制度，每年纳贡、缴税。布鲁克欣然答应，回到新加坡后凭他的政治关系，说服了一个军舰的舰长驾舰到南中国海，未费一枪一弹，顺利把乱事摆平了。1841年，苏丹履行承诺，封英籍的布鲁克为沙捞越的拉者，布鲁克政权也因此不受辖于英国殖民政府，而仍然受到文莱王室的统治。

布鲁克政府成立之后，它跟这边早就建立的十二公司之间相安无事。但是后来为什么发生十二公司客籍华工的疯狂报复事件？为何要推翻布鲁克政府？我们基本上可就三大原因来说明。第一，布鲁克在1841年立国之初，看到十二公司人多势众，有财力有武装，所以他立国之初，对十二公司是非常礼遇、非常尊重的，早期就定约分治，在约中还规定，沙捞越上游以及领土归公司管辖，并誓言两地的政府，也就是十二公司跟布鲁克政府有并存的政权，由此可见，布鲁克王朝刚开始时羽翼未丰，对于财大势众的十二公司就越雷池一步。第二，到了1846年，因为一个偶然的因素，苏丹派人去剿海盗，布鲁克以为苏丹是冲他而来，所以他就借着英国殖民政府的军舰，长驱直入文莱河直达他的皇宫里面，文莱苏丹被迫无条件割让沙捞越给布鲁克，从此沙捞越政府就不再受文莱中央所辖制，不再按年缴税纳贡，而成为独立的国家；又因为布鲁克长袖善舞，很会搞政治外交，1850年获得美国承认他的政权，而后又说服英国国会，通过承认他的政权并派领事驻古晋，从此布鲁克政府就成为跻身国际舞台的一个国家。到了1852年，其已非常有实力了，有恃无恐地要分享十二公司的管理权，要求公司跟布鲁克王朝共同管理十二公司的矿务，有关矿务的开发，或是公司的财政，统统要纳入政府的管理，并且进一步要求，凡是公司发生重大的刑案，不能自理，必须交由法律审判。其实十二公司承袭原乡的制度（即村社制度），可以自主管理，它们的法律就是族规、家法，官制就是我们的伦理关系，有上有下，有族长、房长、家长、户长。布鲁克政府羽翼渐丰之后，竟要求公司里面发生重大刑案不能自理，必须交由法律审判，而且在1856年，布鲁克还刻意引进英国资本慕娘公司挖矿，且刻意摆在十二公司的边界上，所以十二公司在这边挖，隔一条线它在那边挖，这就非常具有挑衅性，极尽侵权、强势跟霸道之能事。第三，公司感受到他们的经济利益受到了威胁，以及原来自治自主权力的丧失，那么为求生存的意识里，就埋下了要推翻暴政的动机。反殖反帝领袖，也就是十二公司领导人刘善邦率领了武装战士，包括敢死队，一共将近两千人，枕戈待旦。在誓师出征以前，他们还在山上的三山国王庙祭拜祈求，然后人人佩戴三山国王庙所盖章的护身符。在1857年2月18日大年初三，十二公司的抗暴兵队分乘数十艘的船舰，沿着沙捞越河溯河而下，在午夜时分抵达布鲁克官邸。华工上岸后就埋下炸弹，意图炸死沙王布鲁克，只是土制炸弹声音虽然很大，但是爆破力不足，在厮杀混乱之际，布鲁克趁机逃出官邸。公司的战士在官邸里也杀死了很多人，其中杀死一名他们认为是布鲁克的英籍青年，结果这位青年被杀了之后还被斩首示众吊在门口，之后十二公司就占领了政府，搜刮所有财物，包括抢夺所有的公共粮仓等。谁知道三天后发现布鲁克没有死，还利用大批的土著开始反攻，布鲁克还坐镇在慕娘公司所提供的武装汽艇上面指挥作战，内外包抄，公司碰到土著兵就且战且退，每每跟这些土著交兵，损伤往往比较严重，当地最著名的土著是达雅克人，达雅克人、伊班人骁勇善战，他们手上都佩戴兽器。华工终究不敌土著，十二公司领袖刘善邦当时就阵亡了，群龙无首，残部就退到石隆门的大本营，死伤非常惨重，无力再战。大本营的老弱妇孺就全部藏匿在山上的山壁的一个石洞里面，他们以为没有人知道，结果土著最清楚，因为土生土长的他们对于地势地形当然非常熟悉，他们就开始搜索，一看到山洞，就认定人在里面，一声令下就放火焚烧，焚烧之后洞内老幼悉数被呛死，无一幸免，骨骸遍地，一直到现在都没有人敢去清理。当时因为洞内这些尸臭远布，所以石隆门，马来文称之为 Bau，这个 Bau 就是很臭、处处可闻的意思。客籍领袖刘善邦阵亡就义之处，也就是今天新尧湾友銮路的旁边，后人建了这座小庙，叫做善邦庙，用来纪念刘善邦，时至今日，当地的客家父老都还歌颂刘善邦是当地的开山地主，所以香火不断，甚至每月的初一、十五，都有很多父老来这里祭拜。案上就供奉着刘善邦的神主牌位，一般的神主牌是用木头做的，这个却是用岩石做的，而且做成之后上面还用金漆漆上，这个庙堂里面有很多碑铭，我们可以看到上款写着：三公建业谋事百年心生为社稷；下款：义结金兰功亏一息血泪染山河，中间是刘善邦的神主牌位。即使到今天，每年中元节，当地人都会举办大型的纪念刘善邦的抢孤大会，2006 年华人社会还为刘善邦建一方开山始祖反殖烈士的英雄纪念碑。

坤甸是罗芳伯建置兰芳公司的发源地，跟北边的沙捞越的古晋距离非常近，西加里曼丹孔教华社总会是坤甸客家华人社团的一个重镇，创建于 1967 年，后来因为当地发生严重的排华运动，所以直到 1998 年政府改革开放，才大张旗鼓逐步恢复，并且从事华人慈善业服务，目前总会统合了 58 所尽属于客家的华人社团。它的社会功能已经扩张到各种社会公益，像赈灾、地震、文化教育、公共建设等，影响力也日益累增，是非常活跃的一个社团，但是唯一的限制是不能参与任何的政治活动，社团一直到现在仍恪守这个规定。坤甸稍北的山口洋也是客家聚居的一个重镇，抗日战争的时候，山口洋客家社团自发成立筹赈助国难民委员会，简称筹赈会，贡献很大。在任何一个华人社会，都可以看到华人文化的地标，像山口洋的龙柱就是一个地标，一看就知道是华人城镇，可是不止这样，你拐过另一边，又可以看到穆斯林的教堂，他们都是并立的。通过这种建设，我们可以看到，跟早期的排华运动有天壤之别，也是华人与印度尼西亚人逐渐融合的见证之一。在西加里曼丹的孔教总会，他们在华社提供多元的社会服务，对华文教育的推展不遗余力，贡献不小。印度尼西亚的客属公会也不遑多让，在山口洋还成立大同党支部。大同党以前曾经是华人政党，是一个政治性的政党，排华运动后几经变革，现在其政治功能已经荡然无存，它现在跟这个互助组织一样，是联系客属乡谊的社团之一。值得一提的是，西加里曼丹的副省长黄汉山，就是当地土生土长的客籍华人，他对于维护当地客籍社团的权益，甚至华文教育的推展，都具有实质上的作用。他这个人很热情好客，私底下也可以用普通话或客家话交谈，但在官方场合或正式受访时，他却坚持用印度尼西亚语回答，必要时由秘书翻译，这可能与官方立场有关。在当地华人社团活动、教育、宣传等上，黄氏提供了实质性的帮助。一个客籍华人在当地当上副省长这也非比寻常，从另一个角度看，他也是华人与印度尼西亚人之间的桥梁。

西加华文教育协调机构主要功能是协助各地华文学校，还有华文补习所、招生、师资培训等，包括华文教材编撰、设计，教学考试等，特别是涉及华文教育的资料，在以前是相当敏感的。在排华运动中，我们的课本连一个“华”字都不能出现，几经努力，现在协调机构已经达成一致，所以可以看到很多华人的东西，包括学校、补习所。客家聚落自古以来就非常重视华文教育，比如像东万律，早期就设立芳伯公学，在山口洋也有教师联谊会，这些教育团体，显示印尼华人为了华文教育非常努力，而这些努力大部分都是来自当地社会贤达，大部分是客家人，他们都是自发地捐资兴学。印度尼西亚从改革开放以来，华文教育蓬勃发展，如雨后春笋，四处林立的华文补习所，让我们看到印度尼西亚华人发扬中华文化不遗余力。沙捞越的石隆门是客家聚落，现在发展得也非常有声有色，新建的牌坊已经成为石隆门观光的地标，不但缅怀先贤，也深具客家文化的特色，在新尧湾友兰路旁边的善德庙。新尧湾这个城镇现在非常热闹，也是商贸荟萃的一个客家聚落。在沙印边境，我们还看到一个叫做三马丹的地方，由于它毗邻南中国海的海滩，景色非常美，客家聚落就把它发展成颇具特色的观光度假村。邻近三马丹的一个客家聚落叫做仑乐，它也发展成美轮美奂的社区，不是接近印度尼西亚就是接近沙捞越。在这些客家聚落中，常常可以看到当地的土著跟华人通婚。据报道指称，这种通婚现象有增无减，而且越来越普遍，当然这也是族群融合的见证。我们所知的在印度尼西亚坤甸的客家聚落中，也有不少客籍女性远嫁到台湾，落户在桃园、新竹、苗栗等地。除此之外，还有在沙印边界的土著比达友族也有很多女性嫁给客籍华人。不少客家土著通婚家庭已是四代同堂，可见比达友族从1830年十二公司在那边落户开始，基本上就融合在一起，生活习俗趋于一致，所以我们看到的这些家庭，几代同堂不足为奇。不可否认，长期以来，沙印边界的客家聚落跟当地民族的若干生活与文化交融在一起。我们能去仔细地分析，像这样的在地史料，它所显现出的那种社会面相早就成为我们研究海外华人社会与族群融合的材料。

在西婆罗洲之外，笔者在马来西亚的研究见闻亦可佐证在地史料对于华侨华人研究的重要意义。

比如说马六甲有一个青云亭，它建立在明末清初时，有三百多年历史，现在看到颇具规模、雕梁画栋的庙宇，足以证明它是经过三百年发展的结果。在里面，你会看到李为经“颂德碑”。李为经别号君长，银桐之婺江人，“银桐”就是泉州，他因为国祚沧桑，航海而南行，寻居此国，“此国”这个“国”就是荷兰，当时是荷兰统治的，颂德碑等可贵的碑铭，留下了当时的历史脉络，但是做研究时，这种在地史料可以启迪我们分析那个社会的状态。第一，它为什么在上面冠着这个“甲必丹”？这个“甲必丹”就是荷兰殖民政府所授头衔。李为经为什么要受封华人甲必丹，我们姑且不论，但是不可争辩的事实就是他在那个时候就已经是那个族群的华人领袖，这个碑刻上还篆刻着很重要的记载，那时明朝已经被灭了，明朝灭亡的时候他就航海南行，“寻居此国”，就是来到这个地方，从这儿我们又可以看到一个事实，当时李为经就是因为明季国祚沧桑而南下。李为经本来在台湾郑氏政权统治之下，后来在康熙二十三年（1684）郑克塽降清之后，他不愿意被异族统治，所以航海南行。这正可与国内历史文献相互对照。一些史料记载了这一批明末反清复明的遗老，不愿意郑克塽降清被异族统治，他们就分别搭乘六艘船只流亡到海外，其中有两艘到菲律宾，有两艘到泰国，另外两艘，一艘到马六甲，一艘到缅甸的仰光，为了追寻、串联起相关史料，笔者曾几度远赴菲律宾、泰国等地，结果一无所获，最后终于在马六甲三宝山青云亭发现了李为经的碑铭。这个颂德碑写着“龙飞乙丑年”，中国人有个习惯，写什么东西都喜欢系年，从乙丑年我们可以知道是康熙初年，但为什么不写康熙呢？且为什么冠上龙飞呢？这个当时我们就觉得很好奇，事实上，我们再加上这些史料分析，原来是前呼后应，前面既然是国祚沧桑，随航海南行，他既然反清复明来到这个地方，当然不会在此冠上清代的年号，这是理所当然的，所以显然这个碑铭具有强烈的政治色彩。这时处于明末清初，也刚好验证了这个青云亭到现在有三百年的历史。从在地史料验证文献史料，两者相互参考，才会让人在叙述、分析史事的时候更为立体。龙飞也不是某位皇帝的年号，而是当时反清复明之士自己取的年号，这里面有不少说法，像饶宗颐解释说这个“龙”表示我们中国，但女真族不能代表中国，所以这个“飞”，代表一种迹象，即翱翔、自在，饶公的想法不错，姑且不论真切与否，不辩的事实是李为经不愿意用清代的年号，充满了反清的政治意识。

总结而言，在地史料可以弥补国内资料的不足，避免纸上谈兵及重复研究的弊病，同时也有助于发现问题，并加以准确定位。在地史料呈现出特定时空环境下的历史事实，而且蕴含当地华侨华人的生活情景，这有助于研究的开展，值得网罗开发。

文莱华侨华人的历史考察[①]

聂德宁[②]

一、前言

文莱（Brunei）亦作“汶莱”，旧称“婆罗乃”，地处加里曼丹岛西北部，北濒南中国海，历史上与中国的交往源远流长，在中国唐宋的史籍中被称为“勃泥”或“渤泥”，亦作“佛泥”。元代史籍除称其为“浡泥”之外，又有“万年港”之名，盖二者同处于婆罗洲（即加里曼丹岛），一为国名，另一为港名，皆为Berunai、Brunei之音译。明代以后，中国史籍中始有“文莱”之名，并称“文莱即婆罗国”。

本文拟在参考和继承前人研究成果的基础上，以相关的中外历史文献资料为依据，并以中国及文莱双边的历史发展为线索，对中国与文莱的交往历史、文莱华侨华人的历史与现状进行分阶段考察，力图从中梳理和勾勒出文莱华侨华人生存发展的历史脉络和发展轨迹。

二、历史上中国与文莱的交往

历史上中国与文莱的交往源远流长，从唐宋至元明清，中国的历朝历代与文莱均有相当频繁和密切的交往关系。

（一）中国与文莱早期的交往

在中国史籍中最早载有“勃泥”者当为唐代樊绰的《蛮书》。[③] 据此，则早在唐代，中国与文莱就有贸易往来。清代福建晋江人蔡永蒹所撰《西山杂志》对此有更为详细的记载：“唐代开元八年（720），东石林知祥之子林銮，字安

---

① 本文是教育部人文社科重点研究基地重大项目《东南亚华人文化的传承与发展研究》（14JJD770004）的阶段性成果。

② 聂德宁，厦门大学南洋研究院教授。

③ 樊绰撰，向达校注：《蛮书校注》卷六《云南城镇第六》，其云：“又南有婆罗门、波斯、阇婆、勃泥、昆仑数种外道。交易之处，多诸珍宝，以黄金麝香为贵货。”北京：中华书局，1962年，第164页。

车，曾祖曰林智惠，航海群蛮海路。林銮试舟到勃泥，往来有利，沿海畲家人俱从之往，引来蕃舟。蛮人喜彩绣，武陵多女红，故以香料易彩衣。晋海舟人竞相率航海。”[①] 由此可知，地处中国东南沿海的福建泉州地区从唐代开始，就与文莱乃至婆罗洲有着十分频繁的海上贸易往来。

中国史籍中记载渤泥国首次前来中国朝贡是在北宋太平兴国二年（977）。此次渤泥国前来宋朝进贡，缘于往来中国与爪哇之间的海商蒲卢歇，因途中遇风破船，暂泊于渤泥国港口。渤泥国人闻其自中国来，“即造船舶，令蒲卢歇导达入朝贡”，从而开启了宋朝与渤泥两国之间的朝贡贸易关系。此次入贡宋朝的渤泥国使节不仅带来了其国各种各样的龙脑香及玳瑁、象牙等贡品，同时给宋朝皇帝带来了其国王向打的表文，表示愿“每年修贡，虑风吹至占城界，望皇帝诏占城，令有向打船到，不要留”。北宋元丰五年（1082）渤泥国复遣使宋朝贡献方物，“其使乞从泉州乘海舶归国。从之”。[②]

据南宋赵汝适《诸蕃志》卷上《志国·渤泥》所载：渤泥国（亦作佛泥）“在泉（州）之东南，去阇婆（爪哇）四十五日程，去三佛齐（巨港）四十日程，去占城、麻逸（吕宋）各三十日程，皆以顺风为则”。由此可知，在宋代泉州与渤泥国之间至少有两条固定的贸易航线可通。其一为东南线：泉州—澎湖—麻逸（今菲律宾民多洛岛）—渤泥（今文莱）；其二为西南线：泉州—西沙—占城（今越南中部），其中一路至渤泥。因此，两宋时期中国与渤泥国之间的使节、商人往来不绝于道。南宋赵彦卫的《云麓漫钞》一书所列举的福建市舶司（泉州）的“常到诸国舶船”，渤泥国赫然名列其中，并且以出产龙脑片香而闻名。[③]

在宋元时期的中国史籍记载中，渤泥国素以出产龙脑香而闻名于世。所谓龙脑者即冰片，根据其形状和品质，计有梅花脑、速脑、金脚脑、米脑四个种类。此外，渤泥国还出产黄蜡、降真香及玳瑁等物产。两宋时期，前往渤泥国贸易的海商通常携带货金、货银、假锦、建阳锦、五色绢、五色茸、琉璃珠、琉璃瓶子、白锡、乌铅、网坠、牙臂环、胭脂、漆碗碟、青瓷器等中国的货物交易当地的物产。[④] 到了元代，前往渤泥经商的中国海商更是络绎不绝。元代汪大渊《岛夷志略》有载，渤泥国人“尤敬爱唐人，醉则扶之以归歇处”。其国“地产降真、黄蜡、玳瑁、梅花片脑。其树如杉朱桧，劈裂而取之，必斋浴而后往。货用

---

① 蔡永蒹：《西山杂志》“林銮宫”条。此资料承蒙泉州海交馆叶恩典先生提供，特此鸣谢。

② 《宋史》卷四百八十九《勃泥传》。

③ 赵彦卫：《云麓漫钞》卷五。

④ 赵汝适：《诸蕃志》卷上《志国·渤泥》。

白银、赤金、色缎、牙箱、铁器之属”。[1] 另外，《岛夷志略》中还有“万年港”条，并记载其“地产降真条、木绵、黄蜡。贸易之货，用铁条、铜线、土印花布、瓦瓶之属”。据考证，万年港一名，“当由 Berunai，Brunei 而得音，唐代载籍之勃泥与渤泥亦然”。当元末明初之时，“此港已非此国都城所在，故当时贸易家、航海家名之曰万年港或万年屿”。[2]

（二）明清时期中国与文莱的往来

明代初期，尤其是永乐年间（1403—1424）是中国与渤泥国之间友好往来最为密切、经贸往来最为频繁的时期。早在明朝洪武三年（1370），渤泥国即遣使奉表随明朝的招谕使前来明朝朝贡，两国间的政治与经贸关系由此而建立起来。洪武八年（1375），明朝诏渤泥山川之神，附祭于福建山川位次；永乐三年（1405），又诏遣使封其国主麻那惹加那乃为王，给印符诰命。永乐六年（1408），渤泥国王麻那惹加那乃亲率其妻子家属陪臣前来明朝进贡，明朝以公侯礼仪予以热情款待。同年十月，渤泥国王不幸因病去世。明朝永乐皇帝辍朝三日以示哀悼，并遣官致祭，“赙以缯帛，具棺椁、明器，葬之于南京安德门外石子冈，树碑神道。又建祠墓侧，有司春秋祀以少牢，谥曰恭顺王”。明朝随即赐敕慰其子遐旺，命其袭封国王，并赐其“金镶玉带一，金百两，银三千两及钱钞、锦绮、纱罗、衾褥、帐幔、器皿。王母以下有差”[3]。渤泥国嗣王遐旺与其叔父为此向明朝奏言：“臣岁供爪哇片脑四十斤，乞敕爪哇罢岁供，岁进天朝。臣今归国，乞命护送，就留镇一年，慰国人之望。并乞定朝贡期及傔从人数。”[4] 明朝准许了渤泥新任国王的所有请求，规定渤泥国三年一贡，并遂敕爪哇国免除渤泥国的岁供。永乐八年（1410）九月，渤泥国新国王遐旺遣使随同明朝的护送使节张谦等前来明朝入贡谢恩。永乐十年（1412）九月，渤泥国王遐旺偕其母又亲自前来明朝进贡，再次受到了明朝永乐皇帝的热情款待，赐予“冠带、袭衣，王母、王叔父以下，分赐有差”[5]。从永乐十三年至洪熙元年（1415—1425）的十年间，渤泥国又先后四次前来明朝进贡。

这一时期，文莱国与明朝频繁进行政治经济往来，不仅使得文莱国在政治上得到了明朝保护，而且在经济上更是获益良多，由此在一定程度上奠定了文莱国

① 汪大渊著，苏继庼校释：《岛夷志略校释》“浡泥”条，北京：中华书局，1981 年，第 148 – 150 页。

② 汪大渊著，苏继庼校释：《岛夷志略校释》“万年卷”条，北京：中华书局，1981 年，第 342 – 344 页。

③ 王世贞：《弇山堂别集》卷十四《戎王来朝之赏》，北京：中华书局，1985 年，第 260 页。

④ 《明史》卷三百二十五，《列传》第二百十三，《外国六・浡泥》。

⑤ 王世贞：《弇山堂别集》卷七十七《赏赉考下・四夷来朝之赏》，北京：中华书局，1985 年，第 1486 页。

在婆罗洲地区迅速崛起的重要基础。根据考古发掘资料，在距文莱首都斯里巴加湾市中心6公里处的哥打巴图（Kota Batu）曾出土过不少中国历代的铜钱，其中大部分是1368—1450年间的明代铜钱。① 这些无疑是明朝初期与文莱国彼此间在经贸方面密切交往的历史见证。

自15世纪初期以来，文莱在与明朝建立和保持密切的政治经济关系的同时，也与当时东南亚地区的第一个穆斯林苏丹国——马六甲建立了贸易关系。通过这一贸易联系，文莱人逐渐皈依了伊斯兰教，并于15世纪建立了穆斯林苏丹国，成为在婆罗洲出现的第一个伊斯兰国家。② 根据最初东来的葡萄牙人的记载，在葡萄牙人占领马六甲之前，文莱国与当时东南亚地区最大的商贸中心城市马六甲的贸易往来相当频繁。③ 1511年葡萄牙人侵占马六甲的后果之一，就是导致马六甲的穆斯林商人避开马六甲，而把他们的总部迁往位于婆罗洲的文莱。这一方面使得文莱成为传播伊斯兰教的新中心，另一方面则促进了文莱成为东南亚东部地区的新型伊斯兰港口，并为这一地区的商人提供了一个贸易中心。④ 据1521年曾到访过文莱的意大利人安东尼奥·皮加费塔（Antonio Pigafetta）的描述，当时文莱首都有25 000户人家，房屋均为建筑在水上巨大木桩的木屋，文莱苏丹拥有一支由百艘叭喇唬（praus）船只组成的舰队，其强盛和富庶令人赞叹。⑤

自16世纪中叶以来，随着明代后期中国民间海外贸易活动的兴起，地处“东洋尽处，西洋所自起也”之所在的文莱国，也成为中国帆船和民间海商从事东西洋贸易的一个重要港口。明代隆庆元年（1567），明朝政府在福建漳州海澄月港局部开放海禁，准许民间海商出海兴贩东西二洋。当时民间海商的海外贸易以东西二洋为其贸易对象，具体的地点大致如下：“西洋则交趾、占城、暹罗、下港、加留吧、柬埔寨、大泥、旧港、麻六甲、亚齐、彭亨、柔佛、丁机宜、思吉港、文郎马辰；东洋则吕宋、苏禄、猫里务、沙瑶、呐哔单、美洛居、文莱、鸡笼、淡水”24个国家和地区。⑥ 其中，文莱国为当时中国帆船东洋贸易航路的终点站。当时中国帆船的东洋航路之所以以文莱港为终点，是因为“文莱国即婆

① BROWN OE. Brunei: the structure and history of a bornean malay sultanate. Issued by the Brunei Museum, Brunei, 1970: p. 130.

② D. G. E. 霍尔著，中山大学东南亚历史研究所译：《东南亚史》上册，北京：商务印书馆，1982年，第268页。

③ 多默·皮列士著，何高济译：《东方志——从红海到中国》，南京：江苏教育出版社，2005年，第103页。

④ 尼古拉斯·塔林主编，贺圣达等译：《剑桥东南亚史》第一册，昆明：云南人民出版社，2003年，第336页。

⑤ Pigafetta's description of Brunei, July 1521; in Robert Nicholl ed. European sources for the history of the sultanate of Brunei in the sixteenth century, Muzium Brunei, 1975: pp. 10 – 11.

⑥ 黄叔璥：《台海使槎录》卷二“商贩”条。

罗国，此东洋最尽头，西洋所自起也，故以婆罗终焉”①。

自古以来，文莱及婆罗洲地区以出产上等龙脑香而闻名于世。其中，梅花片脑是龙脑香系列之上品，其性凉清热，具有解毒止痛之功效，是中医五官科常用之药品。明人有云：片脑以渤泥国者为佳，“有大如指，厚如二青钱者，香味清烈，莹洁可爱，谓之梅花片，鬻至中国，擅翔价焉。复有数种，亦堪入药，乃其次耳”②。正因为如此，文莱国成为中国帆船海外贸易的主要对象之一。③《东西洋考》中记载了明代后期中国帆船抵达文莱港的交易情况。其云：“华船到，进王方物。其贸易则有大库、二库、大判、二判、秤官等酋主其事。船既难出港，最宜密行。有时贸易未完，必先驾在港外。”④ 此外，文莱港在当时仍然是一个国际性的贸易港口。当1578年西班牙人进攻文莱国时，在文莱港口发现了大量来自中国、交趾支那、柬埔寨、暹罗、北大年、彭亨、爪哇以及苏门答腊各地、马鲁古及棉兰老群岛的船只和商人。⑤ 文莱港这种区域性国际贸易商港的地位，无疑也是吸引中国帆船频繁前往贸易的重要因素之一。

从清初至1840年鸦片战争以前，文莱港作为东南亚东部地区的一个重要商港，依然是中国帆船南洋贸易航路中的主要港口之一。清代陈伦炯《海国闻见录》有载：“苏禄、吉里问、文莱、朱葛礁喇，总名皆为无来由绕阿（即‘爪哇’近音）番。……经商其地，往来乘莽甲（即小舟），伙从持利器相随。产珍珠、冰片、玳瑁、海参、燕窝、降香、海菜、藤等类。”⑥ 谢清高《海录》也记载从苏拉威西和帝汶等地前往文莱国的航程以及其土产方物。其云：“文来国在细利窪（苏拉威西）西北，由细利窪东南入小港，向西北行，顺风约五六日可至。由地问北行，顺风七八日可至。幅员甚长，中多乱山，绝无居人。奇禽野兽，莫能名状。土番亦无来由种类，喜穿中国布帛。土产燕窝、冰片、沙藤、胡

---

① 张燮著，谢方点校：《东西洋考》卷九《舟师考·东洋针路》，北京：中华书局，1881年，第182-184页。

② 黄衷：《海语》卷二“物产·片脑”条，中国南海诸群岛文献汇编之三，台北：台湾学生书局，1975年，第28-29页。

③ KENNETH R HALL. Maritime trade and state development in early southeast Asia. university of Hawaii press, 1985: p. 227; see ROBERT NICHOL. brunei rediscovered, a survey of early times. JSEAS 14, 1 (1983): pp. 32-45.

④ 张燮著，谢方点校：《东西洋考》卷五《东洋列国考·文莱》，北京：中华书局，1881年，第102-103页。

⑤ July 29, 1578: Letter from Francisco de Sande to Felipe II, in BLAIR, E H and ROBERTSON, J A. The philippines islands Vols. 4, p. 131, Cleveland, 1903-1909.

⑥ 陈伦炯撰，李长傅校注：《海国闻见录》卷上《东南洋记》，郑州：中州古籍出版社，1985年，第44页。

椒。”[①] 由此可知，自清康熙二十三年（1684）海禁开放以后的相当长一段时期内，厦门、台湾等中国东南沿海地区与文莱保持着固定的贸易航线和定期的贸易往来。据英国东印度公司一位书记员威廉·密尔彭（William Milburn）在1813年的记载，当时文莱港内能停泊数百吨的船只，港内设施齐全，便于贸易。每年仍有四到五艘来自厦门的中国帆船在文莱港内停泊。[②]

婆罗洲地区盛产西谷米（硕莪）、达马树脂、胡椒、藤藤和黄金，[③] 文莱作为婆罗洲的一个主要贸易中心，曾经在15—16世纪兴盛一时。然而，自18世纪后半期以来，由于西班牙人在菲律宾殖民统治的建立以及苏禄国的崛起，加之荷兰人自17世纪以来对婆罗洲西南部地区的逐步控制及其对香料群岛所实施的贸易垄断政策，使得文莱赖以获得权力和财富的对外通商贸易发展受到极大的限制，只有中国帆船与文莱依然维持着实质性的贸易往来。主要原因在于中国商人与婆罗洲港口，包括南部的马辰和北部的文莱等港口建立起良好的贸易关系。中国帆船和商人不仅把欧洲商人追求的胡椒、黄金和金刚石统统买到手，而且全部收购其他产品，例如龙脑香、藤藤、蜂蜡、树脂、木材，以及海菜、海参、鱼翅、燕窝等山珍海味。“荷兰人能够吓唬当地的统治者签订空洞的合同，但中国人以较高的价钱购买货物。”[④] 一直到19世纪初期，每年仍有45艘载重量在500-600吨的中国帆船从厦门等地前来文莱港内停泊交易。当时文莱港依然设施齐全，便于贸易。每年从中国进口大量的铜器、瓷器、广州布、餐具、爆竹、玻璃器皿、锣、家具、铁条、铁锅、镜子、南京布、生丝、绸缎和各种各样的茶叶、蔗糖、冰糖、糖果以及毛织品等货物。而在中国市场上畅销的本地货物，诸如燕窝、海参、蜂蜡、黑檀、牛黄、丁香、手杖、钻石、达马树脂、金砂、珍珠母贝、藤条、硕莪以及龟筒等货物，通常由中国帆船运载至厦门。此外，龙脑香（冰片）也为本地所产，较之于苏门答腊所产更为中国人所喜爱。[⑤]

---

① 谢清高口述，杨炳南笔受，冯承钧注释：《海录注》“文来”条，北京：中华书局，1955年，第57－58页。

② WILLIAM MILBURN. Oriental commerce. Volume 2，London：Black，Parry and Co，1813：p. 419.

③ JOHN CRAWFURD. History of the Indian archipelago，Vol. 3，B. R. Publishing Crop. Delhi，1820：pp. 357－358，p. 394，p. 420，pp. 423－424，p. 482.

④ D. G. E. 霍尔著，中山大学东南亚历史研究所译：《东南亚史》下册，北京：商务印书馆，1982年，第609－611页。

⑤ WILLIAM MILBURN. Oriental commerce，or the east India trader's complete guide. London，1825：pp. 420－421.

三、华侨华人移居文莱的历史进程

在帆船贸易时代，中国的海外贸易商船由于受到季风、洋流乃至海难的影响而不得不留居海外者就已有之，古称“住冬”或“压冬”，例如，《宋会要》有载，北宋哲宗元祐年间（1086—1093）有“入蕃海商……过海入蕃，或名为住冬，留在彼国数年不回，有二十年者，娶妻养子”[①]。早期华侨华人移居文莱的情况亦大抵如此。中国与文莱的航海贸易往来至少可追溯至唐朝时期。在清代蔡永蒹撰著的《西山杂志》中，就记载了唐代开元至天宝年间（713—756）福建泉州晋江与文莱之间频繁的贸易往来，以至于有不少海商水手曾留居于“渤泥”，并形成村落。[②] 不过，由于年代久远，这些唐代华人的聚落可能早已荡然无存，故其真实性也一时难以厘清。

两宋时期，北宋太平兴国二年（977），渤泥（文莱）国王首次遣使前来中国朝贡，就是因“比诣阇婆国，遇猛风破其船”，而入泊于渤泥港口的海商蒲卢歇导之而来。据此可知，蒲卢歇可谓中国史籍中第一位有名有姓曾经在渤泥留居的中国海商。此外，《西山杂志》亦载，南宋“绍定间（1228—1233）有进士蒲宗闵，司温陵（泉州）道通判，后升都察院（即判院）。端平丙申（1236）中，奉使安南；嘉熙二年（1238）奉使占城；淳祐七年（1247）再奉使渤泥，后卒于官也。其子有三：长子应，次子甲，三子烈。蒲应入渤泥，蒲甲司占城西洋之转运使，大食、波斯、狮子之邦，蛮人嘉谐”[③]。蒲宗闵作为宋朝使节于淳祐七年出使渤泥国时去世并葬于当地，已为考古资料所证实。1972 年 3 月，德国著名汉学家傅吾康教授在文莱首都发现一座宋代古墓，碑文为：“有宋泉州判院蒲公之墓。景定甲子男应、甲立。”[④] 据考证，此宋代古墓的墓主“蒲公”即是蒲宗闵，其长子蒲应于景定五年（1264）前往渤泥，为父营葬立碑。因此，南宋时期的泉州人蒲宗闵、蒲应父子曾经在文莱居留，不仅有文献记载，而且也有了实物的证据。元朝时期，《马可·波罗游记》中有提到“大爪哇岛”，据考证实际上是将婆罗洲与爪哇岛混为一谈。据马可·波罗记载，“剌桐（泉州）和蛮子（南

---

① 徐松辑：《宋会要辑稿》第七册，北京：中华书局，1957 年，第 6524 页。

② 蔡永蒹《西山杂志》“麦园”条有载：“涂公文轩与东石林銮航海到渤泥……涯之北，有陈厝、戴厝，俱从涂之操舟人。”

③ 蔡永蒹《西山杂志》“蒲厝”条；转引自庄为玑：《泉州宋船为蒲家私船考》，载《中国与海上丝绸之路：联合国教科文组织海上丝绸之路综合考察泉州国际学术讨论会论文集》，福州：福建人民出版社，1991 年，第 347 页。

④ 傅吾康、陈铁凡：《文莱博物馆学报》1973 年第 3 卷第 1 号；参见温广益译：《最近在文莱发现的一块公元 1264 年的中文墓碑的初步报告》，《泉州文史》1986 年第 9 期。

宋故地）的商人常从这里输入大量的金子，至今也仍然如此。他们还从这里获得绝大部分香料，并把他们运往世界各地"①。另据北婆罗洲沙巴地区的传说，早在14世纪的时候，就有中国人移居到沙巴的基那巴唐岸（Kinabatangan），在此定居下来形成了华人社区，并与文莱苏丹穆罕默德（Mohammed）建立和保持着非常友好的关系。据说，穆罕默德还娶了沙巴基那巴唐岸华人社区首领的妹妹为妻。从此以后，不断有中国商人前往北婆罗洲地区经商谋生。②

明朝时期，随着明初以来与渤泥国朝贡贸易关系的建立，渤泥国摆脱了当时爪哇满者伯夷王朝对其的控制，与明朝保持着极为密切的政治经济关系。在此期间，不仅有文莱国频繁遣使前来明朝朝贡，而且明朝使节也多次率团出访文莱。永乐年间，太监张谦先后于永乐六年（1408）、永乐九年（1411）、③ 永乐十三年（1415），④ 数次为明朝所派遣而出使渤泥国。由于文莱地处婆罗洲之北部，自古以来就是这一地区的重要通商口岸，因而在明初郑和七下西洋期间也成为郑和船队的驻节所在之一。在郑和下西洋的随员之一费信撰著的《星槎胜览》一书中，就有载渤泥国人"凡见唐人至其国，甚有敬爱，有醉者则扶归家寝宿，以礼待之若故旧"⑤。另外，在明代万历末年（17世纪初期）成书的《东西洋考》中亦载："俗传今（文莱）国王为闽人，随郑和征此，留镇其地，故王府旁旧有中国碑。"据文莱王室世系书记载，五百多年前，有一中国名将王总兵，驾临汶国，娶苏丹之女为妻，后受禅为王。⑥ 现在文莱首都斯里巴加湾市中心有一条以王总兵命名的"王总兵街"（Jalan Wang Sunm Ping）以纪念其人其事。此外，文莱还有一些马来人，他们姓名上都冠有"阿王"（Awang）一字，据说都是明朝王姓总兵的后裔。⑦ 这些传说与《东西洋考》的记载似乎有某些契合之处。此外，《东西洋考》还记载了当时文莱国有一处名胜古迹，名曰"浮纳招庙"。此庙中所祀神明"为国初时（明初）押工、总管、直库三人，阵亡合葬于此，因庙食其地。贾舶到，必屠牛烹鸡，并献茉莉花、红花、梳篦等物以祭。舟中有人不拜则病。彼国人将行贾，亦献花礼神。得利回，取双鸡系刀于足，俾斗墓前。鸡

---

① 马可·波罗著，梁生智译：《马可·波罗游记》，北京：中国文史出版社，1998年，第232－234页。

② BUCKLEY C. A school history of North Borneo. London：Macomillan Publishers Ltd，1963：pp. 8－10.

③ 《明史》卷三百二十五，《列传》第二百十三，《外国六·浡泥》。

④ 怀荫布等修纂：《乾隆泉州府志》卷十六有载泉州天后宫之历代修葺情况。其中有云："永乐十三年，少监张谦使渤泥，得泉州发自浯江，实仗神庥。归奏于朝，鼎新之。"

⑤ 费信著，冯承钧校注：《星槎胜览校注》"渤泥国"条，北京：中华书局，1954年，第14页。

⑥ 参见哲甫：《文莱史纲》，《南洋文摘》1973年第14卷第9期，第606页。

⑦ "婆罗乃概况（中文版，摘译《1950年婆罗乃常年报告书》）"，载许聪思主编：《英属婆罗洲年鉴》第一册，新加坡：新加坡文艺印务公司，1952年，第2页。

死，即以谢神，亦大奇也”①。

清朝时期，中国帆船的海外贸易分为东洋、东南洋及南洋三条航线。其中，文莱是中国帆船东南洋贸易航线上的重要通商港口。在雍正、乾隆年间（18世纪），每年都有八艘来自中国的船只驶入文莱港贸易。其中，六艘分别来自宁波、厦门和广州，另有两艘来自澳门。尤其值得注意的是，当时前来文莱贸易的中国帆船，大多是在文莱河口利用当地丰富木料由中国人自己建造的，其拥有者亦大多是文莱当地的华人。② 不仅如此，华人还在文莱大规模地种植胡椒，以满足中国帆船在海外贸易活动中对这一货物的需求。据载，在1769—1790年间，文莱华人在收成好的年份里，一年能产出2万担（约1 200吨）的胡椒，而这些胡椒几乎全都被中国帆船运回了中国。③ 无论是造船抑或胡椒种植，都需要大量的人力物力和一定的制造与生产周期，由此推测，当时华人在文莱的居留为数众多，并已形成相当的规模。直到19世纪30年代，华人在文莱的胡椒种植以及中国帆船与文莱的贸易活动才完全终止。

明清时期，华侨华人移居文莱的途径与中国帆船和文莱贸易航线大抵一致。在明朝后期福建漳州海澄月港的东西洋贸易航路中，文莱地处东洋与西洋的分界处，位于东洋航线的终点。据《东西洋考》所载，当时中国帆船东洋航路起自福建漳州海澄月港，经由厦门和大担岛出海，前往澎湖，过台湾南端，穿越巴士海峡，抵达吕宋国和猫里务国；从吕宋经班乃岛西南之安蒂克（Antique），抵达棉兰老岛北部的呐哔单、沙瑶等地；又从吕宋前往棉兰老岛三宝颜附近之交溢（Kawit），于此分为两路：一路往美洛居，一路往苏禄国；又从吕宋岛马尼拉湾外之吕蓬岛（Lubang）南下，经民都洛岛和巴拉望岛，抵达今马来西亚沙巴州北部之邦吉岛，再经文莱湾外之纳闽岛（Labuan）进入文莱港。

自清康熙二十四年（1685）海禁开放以后，中国帆船东洋贸易航路的目的地为琉球和日本，而吕宋、苏禄、文莱等国均属东南洋航路。据《海国闻见录》所载，中国帆船自福建东南沿海的厦门等港口起航，经由澎湖前往吕宋，“由吕宋正南而视，有一大山，总名无来由息力大山”。山之东为苏禄，“西邻吉里问，又沿西文莱，即古婆罗国”。苏禄、吉里问、文莱三国，“皆从吕宋之南分筹”。

---

① 张燮著，谢方点校：《东西洋考》卷五，《东洋列国考·文莱》，北京：中华书局，1881年。

② JOHN CRAWFURD. A descriptive dictionary of the Indian Islands and adjacent countries. London：Oxford University Press，1971：pp. 68 – 70.

③ TAN PEK LENG. A history of Chinese settlement in Brunei，in essays on modern Brunei history，pp. 110 – 112，University Brunei Darussalam. Bandar Seri Begawan. DAVID BULBECK，ANTHONY REID，LAY CHENG TAN，YIQI WU，COMPILED. Southeast Asian exports since the 14th Century，Cloves，Pepper，Coffee，and Sugar，Leiden，KTLV Press，1998：p. 81.

厦门至吕宋，水程七十二更；“吕宋至吉里问三十九更，至文莱四十更”。[①] 道光《厦门志》中也是将文莱国列为厦门对东南洋贸易的重要国家之一，并且详述了从厦门前往文莱的航线里程，“从吕宋南放洋四十二更可至。距厦门一百十四更。《同安县志》作一百五十更”。同书又援引《台湾志略》云：“由吕宋西南至文莱港水程七十更，自台计之一百二十八更。”[②]

自19世纪30年代以后，文莱国长期陷于王位之争和海盗活动猖獗的骚扰中，英国殖民者借平定海盗之机乘虚而入。1846年，文莱苏丹被迫将纳闽岛割让给了英国。1847年英国人布鲁克遵照英国政府的指示，迫使文莱苏丹与其签订了一项不平等条约。条约还特别规定：除英国人外，不得允许任何人移居北加里曼丹。此项条约签订后，布鲁克立即自封为沙捞越的罗阇（Rajah，即子孙有权世袭其封号和领土的统治者），并随即停止沙捞越向文莱苏丹交纳年贡。1888年，北婆罗洲（沙巴）沦为英国的保护地。1906年，英国又迫使文莱国签订了新的奴役性条约——在文莱建立驻扎官制度。文莱苏丹政权名存实亡，仅保留解决有关地方宗教和风俗方面问题的权力。

到19世纪末至20世纪初期，只有少量的华人依然居留于文莱。据载，1900年文莱华人不足300人，且无家眷相随。到1904年也只有500余人，绝大多数人为登记的英籍臣民，之所以如此，是因为这些华人在纳闽缴纳了入籍费用。[③] 在此期间，华人在文莱港对面的劳弄秦亚开设了20余间的商店。当时文莱苏丹的财政经济困顿，据说有两位华商还曾一度为文莱苏丹承办关税。由于当时文莱地无所产，文莱的华人商店大多经营杂货生意，主要为当地的居民提供食品和布匹等基本生活物资。此外，他们还经营木材、五金产品、铁钉以及德国的餐具及陶器的进口业务。[④] 到1911年，据当时文莱的人口普查报告显示，华人人口有736人，占文莱总人口（21 718人）的3%左右。其中，开商店的店主老板多为福建人，而裁缝及木材加工工人则多为客家人。[⑤]

自20世纪30年代以来，华侨华人又大量移居文莱。1929年在文莱瓜拉马来奕（Kuala Belait）附近的诗里亚（Seria）发现了储量巨大的油田。随着英国石油公司对该油田进行大规模的开采，文莱经济进入了一个新的发展和繁荣时期，

---

① 陈伦炯撰，李长傅校注：《海国闻见录》卷上《东南洋记》，郑州：中州古籍出版社，1985年，第43－44页。

② 周凯：《厦门志》卷八《番市略·东南洋·文莱》。

③ MCARTHUR M S H. Report on Brunei in 1904, introduced and annotated by A. V. M. Horton, Athens, Ohio, 1987: p. 120.

④ MCARTHUR M S H. Report on Brunei in 1904, introduced and annotated by A. V. M. Horton, Athens, Ohio, 1987: p. 123.

⑤ Brunei annual report 1911, p. 11; see MCARTHUR M S H. Report on Brunei in 1904, p. 230.

华人劳工受雇于油田的开采工作，不少华侨华人由此移居文莱。从 1931 年至 1947 年的 16 年间，文莱华人的人口迅速增长，从 1931 年的 2 683 人增加到 1947 年的 8 300 人；占文莱总人口的比例，也从 1931 年的 8.9% 增加到 1947 年的 20.4%。与此同时，华侨华人在文莱的分布也发生了相应的变化。此前，华人主要居住在文莱的首都，而自诗里亚油田大规模开采之后，华侨华人大多聚居于马来奕和诗里亚一带。这一时期，移居文莱的华人除从事与油田开采有关的工作之外，大多经营商业以及从事商业性的农业生产。据统计，到 1950 年底，仅受雇于石油公司的华人工人就有 1 259 人，均属具有技术的工匠。①

与明清时期华侨华人搭乘帆船经由东洋航线或东南洋航线前来文莱的路径有所不同的是，近现代华侨华人移居文莱大都乘坐轮船，其行经路线通常取道香港及新加坡辗转前来文莱。文莱华侨华人主要来自福建，占 80% 左右，其中尤以厦门附近之烈屿或称小金门岛人为多；其余 18% 来自广东及海南，主要是客家人和潮州人。到 20 世纪 50 年代以后，随着石油开采业的进一步发展，在油田工作的华人大多来自香港。在 1949 年以前，金门人移居文莱，先是搭乘木船前往厦门乘坐轮船经由香港及新加坡等英属殖民地，而后再换乘轮船前往文莱。② 自海峡两岸分治以后，由于金门、厦门交通阻绝，金门人赴文莱，则先到台北入住中华路“金湖旅社”暂宿，等待办理相关出国手续，然后搭乘飞机到香港，再转机到沙巴首府亚庇，隔天再从亚庇飞抵文莱。③

“二战”以后至 20 世纪 80 年代初期，文莱逐步开始了国家现代化建设的进程，尤其是在 1959 年获得内政的全面自治以后，不仅石油产业继续加速发展，其他基础设施建设也陆续展开，建筑行业蓬勃兴旺，由此吸引了华人建筑商和建筑劳工积极参与文莱的各项基础设施的建设工作。从 1947 年至 1960 年的 13 年间，文莱华侨华人的人口增长迅速，由 1947 年的 8 300 人增长至 1960 年的 21 795 人，增长率高达 162.6%；华人在文莱总人口中的比例也从 1947 年的 20.4% 增长至 1960 年的 26%。1971 年，文莱华人人口 31 925 人，占文莱总人口的 23.4%；到 1981 年，文莱华人已达 39 421 人，在文莱总人口中占比 20.5%，成为仅次于马来人的第二大种族。④

---

① 许聪思主编：《英属婆罗洲年鉴》第一册，新加坡：新加坡文艺印务公司，1952 年，第 15 页。

② 董群廉：《金门乡侨访谈录（二）汶莱、砂朥越篇》，金门县政府编印，2009 年，第 11、21 页。

③ 吕允在：《汶莱的出洋客》，金门县文化局，2013 年，第 8 页；董群廉：《金门乡侨访谈录（二）汶莱、砂朥越篇》，金门县政府编印，2009 年，第 106 页。

④ 饶尚东：《汶莱华族会馆史论》，新加坡：新加坡亚洲研究学会，1991 年，第 32－34 页。

四、文莱华侨华人的现状

1984年1月1日，文莱取得内政与外交上的完全独立，宣布成立马来伊斯兰君主制国家。到2013年，文莱华人人口有4万余人，占文莱总人口的10.3%。[①] 与完全独立前相比较，自20世纪90年代以来文莱华人的人口增长率，以及在文莱总人口中的占比均有所下降。

（一）华人地位

独立后的文莱政府对1962年颁布的国籍法和公民权进行了修改，实施了更加严厉的归化条件，入籍获得公民身份的年限，由原来规定的25年内连续在文莱居住20年，改为30年内在文莱连续居住25年以上。未获得公民身份的下一代，即使是在文莱出生，若要取得公民身份，仍须经过特别申请和严格的马来文考试及马来风俗习惯的知识考试，而且每年政府只允许200人参加考试。1984年取得完全独立以后，文莱政府在政治上进一步推行马来伊斯兰化的君主专制体制，将华人排除在国家政治权利之外，阻塞了华人参政议政之路，同时对国籍法和公民权进行修改，实施了更加严厉的归化条件，使得入籍取得文莱公民地位的华人不到华人总人口的四分之一。文莱政府通过限制华人公民在全国总人口中的比例，使华人实际上成为在文莱不享受少数族群待遇的少数族群，因此，华人更难以表达本族群的政治诉求。

由于文莱对移民入籍限制条件的严苛，以及马来伊斯兰化国家体制的加强，文莱华人入籍取得公民身份者为数不多。据2009年的人口普查数据显示，文莱华人人口44 600人，占文莱全国总人口的11.2%。华人的身份大抵可分为三类：一是公民，为已入籍持“黄卡”身份证的华人，占华人人口的23%，这部分人享有文莱国民待遇；二是永久居民，为持“红卡”身份证的华人，占华人人口的29%，他们实际上属于无国籍者；三是临时居民，为持“绿卡”身份证的华人，占华人人口的48%，他们多为来自马来西亚、新加坡、中国香港、中国台湾等地，领取一年或三年的工作准证，在文莱从事各行各业的经营活动。[②] 由于文莱华人入籍取得公民身份的难度较大，以及文莱独立后推行马来伊斯兰化的政策影响，因而使得一些年轻且受过良好教育的华人子女，以及不少虽为永久性居

① “文莱国家概况”，参见中华人民共和国外交部网站，“国家（地区）·亚洲”，http://www.fmprc.gov.cn/mfa_chn/gjhdq_603914/gj_603916/yz_603918/1206_604714/。

② 饶尚东：《汶莱的人口与经济发展》，新加坡：新加坡青年书局，2010年，第186－189页。

民身份但无国籍的文莱华人，不得不移民到澳大利亚、加拿大、美国和新西兰等国定居。近年来，由于文莱华人和社团的努力争取，文莱的国籍法修改案获得通过，规定50岁以上的无国籍居民只需通过口语测试就可以获得文莱国籍，无须再参加笔试。与此同时，每次测试允许1 000人参加。①

（二）华人经济

虽然文莱的移民和国籍政策使得华人在法律地位上处于不利的境地，但在经济上对华侨华人的政策则较为宽松，旨在鼓励和利用华侨华人参与文莱的经济发展，服务于文莱的社会生活。在这种宽松的政策环境下，华侨华人经济在文莱取得完全独立之后依然得到了较为顺利的发展，从传统的零售业逐步拓展到批发业务、进出口贸易业，并且进军金融业、工业、服务业以及建筑业等各行各业。尽管文莱经济以石油产业为主，但在石油产业以外的领域，尤其是商贸行业，华侨华人仍占有一定的优势地位。

商贸业一向是文莱华人从事和经营的主要产业，其中，杂货业是文莱华人最为传统的优势行业，在1985年文莱华人的杂货业就占当地份额的90%。1999年，华人经营的杂货业有310家，多为日用百货店和迷你超级市场，每家平均资本为7.5万美元，规模相当大，仍占当地市场近50%的份额。此外，文莱当地华人在中西药品的经营，以及家用电器、五金工具、摩托车与汽车的销售方面，亦占有相当重要的市场份额。近几十年来，随着文莱经济的发展，新兴的大型超市已逐渐取代了以往的杂货行业，大部分的货品均自行向国外采购，这些现代化的大型超市的拥有者和经营者亦大多为华商。

文莱华人在金融业及保险业方面也有较好的发展。20世纪80年代中期，从事金融业的华商已有8家，占文莱同类行业的50%。由于华商贸易及生产事业的成长，投资房地产者甚多，加之人民平均所得较高，故火险、人寿保险业务持续成长，由此带动了华商从事保险业及其代理业务的成长。到1999年，有30家金融保险业由华商经营。但除了一家是在当地创立的以外，其余29家都是代理商。

文莱华人在经营工业方面虽然起步较早，但大多为锯木、碾米、橡胶加工、食品加工、家具制造以及工艺品制作等家族性的中小型工厂。自20世纪80年代后期以来，随着文莱政府大力推行经济多元化国家发展计划，华人经营的工业也获得了长足的发展，所经营的工业领域不仅有食品加工及橡胶加工等传统行业，甚至还拓展至化工、电子及印刷等新兴行业。其中，华人经营的化工业，已占文莱同行业的30%。此外，在机械维修、水陆运输等行业，华人经营者也具有相

① 朱丽娜主编：《侨情综览2013》，广州：暨南大学出版社，2014年，第197－198页。

当的实力，尤其是文莱的内陆汽车运输业务，大多为华商所经营。

在服务业方面，文莱华人经营的餐饮业与娱乐业也颇具规模和特色。文莱的总人口不过三四十万，但华人经营的中式餐馆则多达四十余家，占当地餐饮业的80%。华人在文莱开设的旅馆近十家，其中德源集团属下的喜来登酒店，是文莱的一家老牌五星级旅馆。此外，华人在文莱投资经营的电影院亦有十家之多，占文莱娱乐业的95%。①

建筑业既是文莱仅次于油气产业的第二大产业，也是目前华人所从事和经营的主要产业之一。文莱是人力资源匮乏的国家，早在20世纪50年代国家开始现代化进程以来，文莱就开始着手进行基础设施的建设，建筑行业亦因此而发展，本地及中国香港和新加坡等地的华人建筑商纷纷加入了文莱建筑业的投资和经营中。到20世纪90年代初期，华人在文莱投资经营的建筑公司有20多家，占当地的90%，主要承包公共建设工程或自行投资兴建商住大楼出售或出租。现在华商在文莱经营的建筑房地产企业有60家，大多来自中国香港和新加坡。文莱国家及都市建设中的大型工程建设项目，诸如苏丹王宫、文莱博物馆、国际体育馆、国会大厦、文莱国际机场扩建工程等，大多由华人建筑商承包或分包完成。

农业也是文莱华人经营的传统行业之一。至今文莱华人依然保留着种植瓜果蔬菜和家禽饲养的商业性农业生产传统。虽然经营农业的文莱华人仅有20余家，但他们是文莱农产品的主要供应商。此外，华人与日本合资的渔业公司是文莱最大的海洋渔业捕捞企业，可满足其国内市场60%的需求。②

文莱取得完全独立以来随着社会经济建设进程的加快，以及华人在商贸、服务和建筑等各领域全面发展，文莱华人的经济事业取得了长足的进步。据推算，到2008年文莱华人资产约为17亿美元。③ 与此同时，文莱华人的人口分布也呈现出相应的变化。据统计，在1960年，居住在马来奕县（Belait）的华人占华人总人口的65%，他们多从事与油田开采相关的工作。但自20世纪70年代开始，文莱摩拉县（Brunei Muara）作为全国的行政、商业、文化和服务中心，其都市建设快速发展，华人人口也开始从马来奕县向首都文莱摩拉县迁移。到20世纪90年代初期，已有将近50%的华人居住在文莱摩拉县。到2002年，文莱华人人口有37 600，占文莱总人口的11%。其中，61.4%的华人居住在首都文莱摩拉县，32.2%居住在马来奕县，5.6%居住在都东县（Tutong），0.8%居住在淡武

① 杨庆南：《马来西亚、汶莱华侨概况》，台北：正中书局，1989年，第65－69页。

② 参见吕允在：《汶莱的出洋客》，金门县文化局，2013年，第150－151页。

③ 王望波、庄国土：《2010年海外华侨华人发展报告》，厦门：厦门大学出版社，2015年，第107－108页。

廊县（Temburong）。[①]

（三）华校华教

文莱的第一所华文学校是1918年创建于首都斯里巴加湾的“育才学校”，创办发起人是著名的侨领（甲必丹）王文邦，1922年改名为“文莱中华学校”，并一直沿用至今。到1931年、1937年和1938年，文莱华人又分别在马来奕、都东和诗里亚创办了马来奕中华学校、都东中华学校和诗里亚中正小学。“二战”以后，文莱华人又陆续创办的华文学校有：那威中华学校（1946）、淡武廊培育学校（1949）、九汀中华学校（1951）以及双溪岭中岭学校（1955）。八所华文学校位于马来奕县三所，文莱摩拉县二所，都东县、诗里亚和淡武廊县各一所。时至今日，以上八所文莱华人学校依然保存，其中，文莱中华学校、马来奕中华学校和诗里亚中正学校三所先后发展成为华文中学，其余五所均为华文小学。

与其他东南亚国家相比较，文莱华校自创办以来一直较为平稳地发展，这得益于文莱历史上没有出现过大规模的排华事件。虽然在20世纪50年代文莱政府曾一度加强了对华文教育的控制和管理，但总体上并没有影响华校以华文作为主要教学媒介的本质，更没有像有些东南亚国家那样被迫中途关停。正因为长期以来华校的平稳发展，为文莱华校的华文教育水平的保持，以及教学质量的提高奠定了较为坚实的基础。

文莱华校一览表（2003）

校名	创建年代	所在地	学生数（人）	教师数（人）
文莱中华学校	1918	文莱摩拉县	3 384	224
马来奕中华中学	1931	马来奕县	1 044	75
都东中华学校	1937	都东县	300	21
诗里亚中正中学	1938	诗里亚县	1 033	66
那威中华学校	1946	马来奕县	43	9
淡武廊培育学校	1949	淡武廊县	150	15
九汀中华学校	1951	文莱摩拉县	147	12
双溪岭中岭学校	1955	马来奕县	130	12
总人数			6 231	434

资料来源：根据孙德安：《文莱华教之现状》（载《暨南大学华文学院学报》2003年第4期）整理制作。

① 饶尚东：《汶莱的人口与经济发展》，新加坡：新加坡青年书局，2010年，第4、49页。

2003 年文莱八所华校的在校学生有六千多人，教师四百余人。文莱中华学校、马来奕中华中学及诗里亚中正学校，这三所华文中学不仅是完全中学，而且还设有幼稚部和小学部，学制通常为：幼稚园三年、小学六年、初中三年、高中两年。在以上三所华文中学里，文莱中华学校的规模最大，在读学生三千多人，教职工两百余人，占全文莱华校在校生和教职工人数的一半以上。马来奕中华中学与诗里亚中正学校的规模也不小，在校生人数均超过千人。其余五所学校均为小学，在校生人数相对较少，从 40 余人至 300 余人不等，教职工人数 9 人至 21 人。

文莱华文学校虽然不多，但在办学上却具有较为鲜明的特色。尤其是在语言教学上实行汉语、马来语和英语三语并重的模式，旨在使华校的毕业生不仅能够在学业上与国内外大学的教育课程相衔接，更重要的是让毕业生能够尽快地融入文莱当地社会。值得一提的是文莱中华学校，在学生的培养上始终坚持“三语并重，五育兼修”的办学理念，在实行汉语、马来语和英语三语教学的同时，还培养学生在德育、智育、群育、体育和美育等方面的全面发展。

华文学校的办学理念和教学质量也得到文莱非华人族群的信赖和认可，越来越多的非华人族群子弟进入华校入读，成为华校的一大生源。例如，文莱中华学校的在读生中，19% 为马来和其他族群子弟，50% 为外国侨民子弟，而华族子弟只占 31%。在都东中华学校和九汀中华学校的在读生中，非华族子弟分别占 40% 和 64%，而在淡武廊培育学校，非华族学生的比重则高达 71%。[①]

（四）华人社团

虽然文莱限制和禁止政党政治存在，却允许与政治无关的民间结社活动，这使得华人社团组织有了发展的空间。文莱现有四十多个华人社团，依其结社的宗旨可分为地缘、业缘、学缘、宗教、文学、福利与互助、文化与娱乐及体育 8 类。每个社团多则三四百人，少则几十人，目前较为活跃的华人社团有 19 个。其中地缘性社团有：马来奕琼侨公会、马来奕福州公会、客属公会、琼州公会（斯市）、广惠肇公会、大埔同乡会、福建会馆。业缘性社团有：斯市中华商会、马诗中华商会、马诗华人机器公会、文莱建筑商公会。学缘性社团有：文莱留台同学会、汶中校友会、中正校友会。宗教团体有：腾云阁。文学团体有：文莱留台同学会写作组。文化与娱乐社团有：文莱群声音乐社。福利与互助社团有：斯市广惠互助社。体育团体有：文莱篮球总会。

地缘性和业缘性社团构成了文莱华人社团的主体。在地缘性社团中，以马来

---

① 饶尚东：《汶莱的人口与经济发展》，新加坡：新加坡青年书局，2010 年，第 11－12 页。

奕琼侨公会的历史最为悠久，其前身为 1939 年发起成立的“马来奕琼侨公所”，其宗旨是“为奉祀神位（妈祖）及联络同侨情感，共谋慈善之福利”。到 1941 年该所正式开办时已拥有 426 名会员。[①] 福建会馆成立于 1998 年，是文莱华人成立最晚的地缘性社团。文莱华人素以福建（闽南）人为多，经济实力也较为雄厚，所以福建会馆虽成立较晚，但在规模上和发展趋势方面有后来居上之势。为培养接班人和后备力量，会馆还于 2001 年 7 月成立了“汶莱福建会馆青年团”，旨在吸收更多的青年人参与会务，并借此激发年轻人的活力与创新力以筹划更多惠及乡亲的活动。到 2013 年，福建会馆的在册会员已达 899 人。[②] 业缘性社团中，马诗华人机器公会是文莱华人最早的同业公会，其前身为成立于 20 世纪 30 年代的“马乃益机器研究所”，1953 年更名为“马诗华人机器公会”。

目前文莱最大的华人社团组织是成立于 1957 年 5 月的斯（里巴加湾）市中华商会，前身为 1947 年 7 月正式成立的“中华公会”。随着“二战”后社会结构的变化，商业活动的日益频繁，在众人的协议下，“中华公会”改称“中华商会”。在成立之初，中华商会即以发展同侨商业及增进公共福利为宗旨，“举凡商业、教育、慈善、公益等事业，有福利于同侨者，无不悉心筹划；至于协助当地政府办理侨政，亦能不遗余力”[③]。到 1997 年，斯市中华商会已发展到拥有 400 多家（个）商号会员、特别会员和个人会员，与文莱马来商会和文莱国际商会并列为文莱三大商会组织。作为文莱华人最大的华商组织，斯市中华商会不断与时俱进，一贯秉持以维护会员之利益，促进会员间之合作及民族间之感情为出发点，进而加强与其他商会间的商业联系，发展工商业，促进国家经济繁荣，协助社会教育和福利事业，同时与政府保持密切合作，共同推行国家政策。[④] 鉴于中华商会位于政治经济和文化中心的文莱首都斯里巴加湾市，会员已近千人且来自各个不同领域，在 2005 年 1 月 9 日斯市中华商会召开的 2004 年度会员大会上，通过了修改和补充章程的提案，将斯市中华商会改名为“文莱斯里巴加湾市中华总商会”。

值得一提的是，文莱斯市中华商会的活动宗旨虽以经贸发展为主，但对于文化、教育、社会福利活动的支持与资助亦竭尽所能，贡献良多。在 1997 年斯市中华商会成立五十周年之际，宣布成立了“文莱斯市中华商会教育基金会”，向会员及热心教育人士进行募捐活动，目的在于筹募更多的基金，俾使更多的学生

---

① 许聪思主编：《英属婆罗洲年鉴》第一册，新加坡：新加坡文艺印务公司，1952 年，第 76 – 77 页。

② 吕允在：《汶莱的出洋客》，金门县文化局，2013 年，第 60 页。

③ 许聪思主编：《英属婆罗洲年鉴》第一册，新加坡：新加坡文艺印务公司，1952 年，第 73 页。

④ 文莱斯市中华商会：《汶莱斯市中华商会五十周年金禧特刊》，班达 · 斯里巴加湾，1997 年，第 129 页。

受益，为国家和社会培育更多的人才。到 2003 年，中华商会教育基金已收到募捐款 535 180 元。[①]

总之，文莱的华人社团，无论是地缘、业缘抑或其他类型的华人社团组织，均以联络乡亲和同业、互助和与政府协作为宗旨，起了维系和增强华人意识、传承华人文化习俗、沟通政府和华社的重要作用。

五、结语

自唐宋以至于明清时期，中国与文莱国彼此间交往频繁、往来密切，直到 19 世纪中叶由于英国人对文莱国的不断瓜分、侵占才中断。原先文莱国的华侨华人大部分居留于英国人詹姆斯·布鲁克家族统治下的沙捞越王国和英国北婆罗洲公司管辖下的英属北婆罗洲，只有极少数的华商仍留在文莱。20 世纪 30 年代以来，随着文莱石油开采业的逐步发展，大量的华人技工从沙捞越、新加坡和香港等英属殖民地移居文莱参与油田的开采工作，或从事商业性的农业生产。“二战”以后，文莱加快了现代化的步伐，基础设施建设全面展开，商业及其他服务行业也陆续发展起来，从而吸引了更多华侨华人前来文莱谋生和寻找就业机会，华侨华人人口迅速增长，构成了文莱的第二大种族，由此逐渐形成了当代的文莱华人社会。

受制于文莱马来化、伊斯兰化的现行国家体制，虽然当代文莱华侨华人在政治上并不享有参政议政的权利，但政府对于华人非政治性的民间结社并不限制，从而使得文莱的华人民间社团获得了一定的发展空间。在法律上，华人要取得文莱国籍成为文莱公民须在文莱连续居住 25 年以上，且需通过马来语及与伊斯兰文化常识相关的考试，也是一道不易越过的门槛。以至于时至今日，获得文莱公民身份的华人不及华人总人口的四分之一。在经济上，取得完全独立以来的文莱政府推行经济多元化政策，并鼓励外资投入，则为文莱华侨华人提供了发展的机会。华人在文莱石油产业以外的领域，诸如商业、制造业、建筑业、运输业以及金融保险业等各种服务行业不仅具有一定的地位，而且其投资经营活动的展开，也能为促进文莱社会经济的发展作出更大贡献。在文化教育上，得益于文莱华教相对平稳的发展，以及华校长期以来一直实行的汉语、马来语和英语“三语并重”的教学模式，加之华人社会各界对华文教育的热心支持，文莱华校的办学理念及教学质量愈来愈得到文莱社会的认可和肯定，有望在继续保持与弘扬华族优秀文化传统的同时，也为文莱国家和社会培养更多的人才。

---

① 文莱斯市中华商会：《汶莱斯市中华商会 2003 年常年报告》，班达·斯里巴加湾，1997 年，第 16 页。

婆罗洲古名略考

——兼看古代中国与婆罗洲的联系

阮光安①

东南亚的婆罗洲（Borneo）是世界第三大岛，也是马来群岛中最大的岛屿，它的西北就是南中国海，与中国大陆遥遥相对。今天的婆罗洲岛上有三个国家的领土：东北的沙巴和西南的沙捞越②为东马来西亚（Sabah and Sarawak，East Malaysia）、居于两者之中的是文莱达鲁萨兰国（文莱 Brunei Darussalam）、南部占全岛约七分之五土地的是印度尼西亚的加里曼丹（Kalimantan，Indonesia）。早期的婆罗洲确实是个富饶但蛮荒之地，文明发展较迟，书面历史远远没有口头传说的影响那么深广。所以在当地的书面历史记录上我们几乎找不到太多关于婆罗洲远古社会的足够证据，不过在中国的许多著名历史古籍里却一早就可以看到它的存在。大多数学者都认为，由于对音异译的原因，婆罗洲曾以“婆利”“渤尼”“渤泥”“浡泥”“婆罗”等名字出现在历朝历代的各种史籍中。③

先看看“Borneo”这个岛名的来源。它在标音上接近“Bruni”，也就是后来所拼写成的“Brunei”。④ 而 J. Hunt 的早年记录则认为“这个大岛的特有名称，是由一种土生的酸果‘Kalamatan’而来，故称‘Pulo Kalamatan’，即加里曼丹岛是也。至于‘Borneo’婆罗洲，即使在今天，只不过是一个市镇的名称，也就是岛上三个王国之一的首府”⑤。S. Muller 则是从语源学的角度来理解这个名字：

---

① 阮光安，马来西亚沙捞越人，马来亚大学语言学学士，中国清华大学比较文学硕士，现为厦门大学南洋研究院博士生，师从聂德宁教授，研究方向为沙捞越华人历史与社会。

② 沙捞越，旧译作砂拉越或砂朥越。

③ 季士家在《中国文莱交往史考略》中认为：文莱在中国文献中有婆利、勃泥、佛泥、浡泥、文莱等不同写法。文中也引用了向达先生为唐人樊绰《蛮书》做校注（中华书局版《蛮书校注》）中所考证的说法：“勃泥，《诸蕃志》诸书亦作渤泥，即 Borneo。”见季士家：《中国文莱交往史考略》，《史学月刊》1987 年第 2 期，第 87 页。

④ JAMES R HIPKINS 著，张清江译：《婆罗洲华人史》，沙捞越博物院院刊，The Sarawak museum journal，19（38 – 39），1971 年。

⑤ 亨特的说法很有趣，这和当地流传甚广的“以古马来语之‘椰子’为名（buah niur → borneo）”的传说十分神似。加里曼丹确实也是婆罗洲岛上版图最大的地区，以之为名也十分合理。至于所谓的三个王国是哪三个就不得而知了，不过他所说的首府所在国，必定是今日之文莱。见 HUNT，J. Sketch of Borneo or Pulo Kalamantan，communicated by HUNT J，ESQ. in 1812 to the HON. SIR T S RAFFLES，p. 2 and p. 7。

"婆罗洲的马来文名称 Borneo，系源自梵文的 Bhurni，意思是'土地'或'国家'。"① 这几种说法乍看之下似乎各说各话，但是可以看到一条清晰的脉络，那就是位于这个海岛北部的文明古国文莱，在整个地域的历史发展中有着十分关键的作用和显著的地位。

因此，在继续讨论之前，或许还有一个地域在观念上需要确认的问题。中国和西方的学者基本上意见一致，认为婆罗洲的名称正是来源于文莱土著苏丹管辖国（Brunei Sultanate）的称号。明代典籍广义上以"渤泥"称加里曼丹，狭义上又把"渤泥"指称文莱。② 位于婆罗洲岛西部的文莱王朝在势力强盛时曾统治了婆罗洲大部分地区，所以当时的中国自然是承认"代表"婆罗洲的文莱政权，接受贡使。所以说到"渤泥"，应是以文莱为界，还是以婆罗洲为界，两者也就是一而二、二而一的问题。因此，看婆罗洲古代历史，应该从文莱历史着手切入，③ 印度尼西亚历史辅助配合，而马来西亚历史可以暂时略而不谈，因为在古代，马来半岛和北婆罗洲（沙捞越和沙巴）是两个截然分开的政治地域，而不是像今天的版图划分。

许多研究文莱历史的学者都认为中国史籍中记载的婆利、渤泥、勃泥、孛泥、佛泥和婆罗等，均为 Brunei 的译名，④ 根据上文的讨论，这样的概括或许过于简单和笼统，毕竟也有些学者根据各自的考证认为中国史籍中提及的上述国名中，有的确实是指文莱；有的却是与其他发音相似的地方名字相互混淆了。⑤ 出现这种混乱，应是相关地方的地理方位正好与古代文莱的疆域相差不远，各地的民风民俗也因处于同一文化圈而大致相似，令来访的中西方探险家和记录者因理解与知识的缺乏而难免产生概念上的混淆。

不过也有不少学者对婆罗洲的古代译名持有不同意见。单是"婆利"一名，西方学者历来便有诸多争辩：贝勒（EMIL BRETSCHNEIDER）认为婆利即婆罗

---

① 马勒这个说法似乎较冷门，不过也不无道理。见 Journal of lndian Archipelago，vol. Ⅱ，No. Ⅵ，1968：p. 365。

② 朱杰勤：《华侨史》，桂林：广西师范大学出版社，2011 年，第 62 页。

③ 文莱国势强大时，领土包括全岛，所以我们甚至可以说：文莱的古代历史，就是沙捞越和北婆罗洲的古代史。见潘先仍：《北加里曼丹史略》，《东南亚研究资料》1963 年第 2 期，第 49 - 50 页。

④ 王青：《历代中国与汶莱的友好交往》，《东南亚》1998 年第 2 期，第 51 页。

⑤ 有学者发现，不同朝代对婆罗洲都使用了不同的译名，比如梁代到唐代四百年间，婆罗洲书作"婆利"，到了宋代改称"渤泥"，明代又出现"婆罗"和"文莱"，这与另指他处的"浡泥""大泥""太泥""佛泥"必须分开来说。因此，如果不仔细分辨的话，极容易导致混淆而产生误解。见黄尧编著：《星马华人志》，吉隆坡：元生基金会、马来西亚黄氏联合总会联合出版，2003 年，第 247 页。

洲；伯希和（Paul Pelliot）则曾认为婆利应该是巴厘岛；[①] 也有人认为婆利是扶南的 Baloi、苏门答腊岛的 Parak、暹罗和马来半岛之间、马来半岛南端的 Pulai，或者是苏门答腊的 Punei 等说法，[②] 众说纷纭。中国学者则另有看法：韩振华从载籍记录、国王种姓、国境广大、航程、方位、物产等几个角度进行探讨，论定婆利位于中印度；[③] 刘真伦则以《梁书》《后汉书》和《旧唐书》中的方位记录来推断婆利即骠国（今缅甸）。[④] 当然，这些言之凿凿的说法都还未有定论。

我们尝试结合西方学者与东方学者的意见，基本上可以确认：古代婆罗洲确实曾以"婆利""渤泥""浡泥""婆罗"及"文莱"等国名记入史册。稍微厘清了婆罗洲的古国地名，接下来便可继续发掘史籍中相关记录的有趣与精彩之处，从中梳理一下古代婆罗洲与中国的各种关系。在《宋书》《梁书》《南史》《北史》《隋书》《旧唐书》《新唐书》等史籍中都有婆利国"遣使献方物"的朝贡记录。在《宋史》中，婆罗洲以"渤尼"或"渤泥"记录在案。《明史》中更多的是以"浡泥"为名。"婆罗"和"文莱"是大家公认的婆罗洲古名。[⑤]

在众多记录中，都是说到当时的婆利国国王派遣使者来到中国朝贡，有时是一国独自进贡，有时是联合其他邻国一同进贡。可知婆利国在当时也只是众多"南蛮诸国"之一，使者所进贡的也都是当地的土产（方物）。[⑥] 唐代宫廷画家阎立本（610—673）就曾经受命画下在公元 631 年，林邑（Campadesa，今越南境

---

① 这两种说法较为学界接受与采用，尤以前者为更多人接受。见 EMIL BRETSCHNEIDER. On the knowledge possessed by the ancient chinese of the arab and arabian colonies. London：Trübner & Co.，1871：p. 19 与伯希和著，冯承钧译：《交广印度两道考》，上海：商务印书馆，1933 年，第 97 - 98 页。

② Aymonier 指婆利位于柬埔寨沿岸的 Phanri 或 Parik，见艾莫涅著，陆翔译：《扶南考》第 50 页（文载《国闻译证》第一册）。Hirth and Rockhill 考证出两个地点，即苏门答腊的 Parak 或者暹罗（泰国）和马来半岛之间的某地；Gerini 则说婆利"即马来半岛南端的 Pulai"；Schnitger 说婆利是苏门答腊的 Punei。相关说法皆转引自韩振华：《公元六、七世纪中印关系史料考释三则——婆利国考、赤土国考、丹丹国考》，《厦门大学学报》（文史版）1954 年第 1 期，第 95 页。

③ 韩振华：《公元六、七世纪中印关系史料考释三则——婆利国考、赤土国考、丹丹国考》，《厦门大学学报》（文史版）1954 年第 1 期，第 95 - 99 页。

④ 刘真伦：《婆利即骠国考——海上丝绸之路研究》，《中国边疆史地研究》1996 年第 3 期，第85 - 88 页。

⑤ 二十五史刊行委员会编集：《明史》（卷三百二十三，《列传》第二百十一，婆罗），上海：上海开明书店铸版，1935 年，第 827 页（总 7913 页）。

⑥ 当时朝贡的礼品中有不少生物类特产，后来在中国栽培、饲养，对中国社会与生态起着一定的影响。详情请参阅陈平平：《明初浡泥国王的朝贡礼品及其生物分类学研究》，《南京晓庄学院学报》2008 年第 7 期，第 44 - 50 页。

内)、婆利和罗刹（今锡兰①）三个南洋国家的使团进贡长安的情况（见图1）。朝贡的目的自然是宗藩体系中属国对宗主国的寻求依附和册封，但实际上或许更多的是借机通商贸易，达到互利目的。②

图1　唐阎立本《职贡图》（现藏台北故宫博物院）③

这样的进贡活动在当时可以说是再平常不过的了，但是有几则记录比较特殊，值得我们思考和领略其中奥妙。首先在《明史》卷三百二十五的“外国列传”中，④说到永乐皇帝册封了浡泥首领麻那惹加那⑤为浡泥国王，还赐了印诰、敕符、勘合、锦绮、彩币等认证物件，浡泥国王如愿大喜，竟然携带王妃、弟妹、子女、陪臣百余人浩浩荡荡、千里迢迢来到中国朝见永乐皇帝。⑥住了两个

① 根据一些学者的考据，“罗刹”一词有三个意思：一、指俄罗斯，这是源于蒙古语的说法，不过放在《职贡图》的语境中明显不契合；二、佛经中的“楞伽洲”，这是宗教的说法，也是无法在文章中进行阐述的；三、“罗刹国”，在佛典中指今天的斯里兰卡（锡兰）（陈兵编：《新编佛教词典》，北京：中国世界语出版社，1994年，第89页），音译“僧迦罗国”（章巽引《大唐西域记》卷十一的僧迦罗国 Simhala，Simha 义为狮子，故 Simhala 译称狮子国），（章巽校注：《法显传校注》，北京：中华书局，2012年，第126页），这应该是最可能的答案，不过因为当时笔者在其他文献无法找到相关联的说法，所以此处暂存一疑问号。

② 对朝贡制度的详尽研究，参见庄国土：《略论朝贡制度的虚幻》，季羡林主编：《古代东南亚历史与文化研究》，北京：昆仑出版社，2006年，第94－110页。

③ 《职贡图》，http：//www. baike. com/wiki/。

④ 二十五史刊行委员会编集：《明史》（卷三百二十五，《列传》第二百十三，浡泥），上海：上海开明书店铸版，1935年，第831页（总7917页）。

⑤ 当时的浡泥王是 Maharaja Karna，中译麻那惹加那乃，《明史》中脱漏一“乃”字。见潘先仍：《北加里曼丹史略》，《东南亚研究资料》1963年第2期，第51页。

⑥ 这个1408年的浡泥朝贡团虽然不是史上最壮观的觐见队伍（满剌加第一代王拜里米苏剌于1411年亲自率领的540余人访华团才是明朝史上最庞大的朝贡团，之后还访华不下六次。苏禄国东王、西王也于1417年率领340余人来华，同样受到明朝皇帝的高规格接待。参见梁立基：《世界四大文化对古代东南亚的影响》，季羡林主编：《古代东南亚历史与文化研究》，北京：昆仑出版社，2006年，第189－190页），但是却在4国7王的访华活动中起着“开先河”的领先作用，加上国王厚葬在南京，必然在中国留下更深远的文化影响。

月后，浡泥国王却意外地死在接待藩属贡使的会同馆中，死前遗言要“体魄托葬中华”，这令永乐皇帝感到十分惋惜，给了浡泥国王极高的评价，说他“西南诸蕃国长，未有如王贤者”，并且还“辍朝三日，遣官致祭，赙以缯帛”，以王礼厚葬在南京安德门外石子冈。除了“谥曰恭顺”，还“赐敕慰其子遐旺，命袭封国王”，之后才“以中官张谦、行人周航护行”送他们回国。明朝对这个远方岛国的重视似乎有点超乎寻常。

在同一段记录中，还有一则重要的事件，可以看出当时中国人在婆罗洲的活动，那就是说到万历年间有一个姓张的漳州人，在当地获得了“那督”的头衔，这个头衔专门册封给对当地社会有大贡献的人士，可见当时在婆罗洲已有华人成为举足轻重的人物。可惜后来这位“那督张”被女儿诬告自杀身亡，当时的女王绞杀了他女儿，再让他儿子当官，虽然不再进贡中国，但是民间的商人依然“往来不绝”。另外，在《明史》卷三百二十三“婆罗列传”中，说到“万历时，为王者闽人也”，说是郑和出使文莱，他的随从留居当地，后代竟“据其国而王之”。此人或说是郑和船队高层领导成员王景弘[①]，或说是运粮官兼总兵王三品，因娶了文莱公主，皈依伊斯兰教，获苏丹招为驸马而成为王朝继承人。[②] 可见早在明代，中国人在婆罗洲已不只是简单地居住在民间，而是进入统治系统，掌握实权了。明朝对当时的婆罗洲如此重视，是否也与此“政治因素”有关?

另外，在《梁书·海南诸国列传》《南史·梁本纪》《北史》《隋书·南蛮列传》《旧唐书·南蛮列传·西南蛮·婆利国》和《唐书·南蛮列传·婆利者》中，都对当时的婆罗洲地理环境及风俗民情做了不少描述。很多描述都十分具体准确，比如说婆利“土气暑热，如中国之盛夏”“谷一岁再熟，草木常荣”“其地延袤数千里”等，都是婆罗洲由古至今不曾改变的地理与气候特征。还有一些记录甚至可以从今日婆罗洲的土著习俗中找到线索，如说到当地土人“俗黑身，朱发而拳，鹰爪兽牙，穿耳傅珰，以古贝（草织花布）横一幅缭于腰”。试看沙捞越伊班人（Iban）的传统武士服饰（见图2）和加央人（Kayan）今已不再流传的穿耳艺术（见图3），或许就可以解释这句话的视觉效果了。如果不是长年居住当地，这么耗时的记录应无法如此精准。

---

① 陈平平：《试举析郑和船队到过浡泥的若干明代史料依据》，《南京晓庄学院学报》2009 年第 4 期，第 94 页。

② 文莱首都斯里巴加湾市郊有一座古墓，墓碑上有“王总兵之墓”字样，文莱王室每逢祭祖节日都会前来进行祭祀仪式，仪式通常是由苏丹亲临主持。当地历史学者也认为此墓主人便是王三品，文莱王室也不讳言王室中有中国人血统。见王青：《历代中国与汶莱的友好交往》，《东南亚南亚研究》1998 年第 2 期，第53－54 页。

图 2　伊班武士①

图 3　加央人穿耳艺术②

至于有关《梁书》中“王出，以象驾舆……王姓憍陈如……言白净王夫人即其国女”的记载，伯希和在其《郑和下西洋考　交广印度两道考》中说明当时婆罗洲是印度化的国家，而且文化尚高，③ 这或许也表明了室利佛逝和满者伯夷王朝对婆罗洲的深刻影响。学者们大都认为，7 世纪中叶统治了马来半岛、苏门答腊、爪哇岛西部的室利佛逝王国（Srivijaya Empire）也曾占据了婆罗洲的西部地区（见图 4），因此可以推断婆罗洲在 7—13 世纪也受到这个信奉上座部佛教（Mahayana）的海上强大“印度王国”（Hindu Kingdom）的影响。到了 14—15 世纪，婆罗洲除了内陆及东部以外的沿海地区，几乎都成了满者伯夷王国（Majapahit）的领土（见图 5），这个势力强大的“印度—爪哇王国”（Hindu-Javanese Kingdom）对婆罗洲文化及政治上的影响不言而喻。

不论是室利佛逝还是满者伯夷，两个王国都曾与中国保持朝贡和贸易关系，通过海路的经商和宣教活动更是络绎不绝，满者伯夷甚至使用中国铜钱作为贸易用币。④ 在室利佛逝时，当地人热烈欢迎中国商贾的到来，常常是先联欢再贸易。中国商人公平合理及互相尊重的以物换物的买卖方式也深受当地人欢迎。满

① MALCOLM MACDONALD. Borneo people. New York：Alfred A. Knopf，1958：p. 142.

② MALCOLM MACDONALD. Borneo people. New York：Alfred A. Knopf，1958：p. 273.

③ 伯希和著，冯承钧译：《郑和下西洋考　交广印度两道考》，北京：中华书局，2003 年，第 257 页。

④ 巩珍著，向达校：《西洋番国志》，北京：中华书局，1961 年，第 7 页。

图4　室利佛逝王国影响范围①

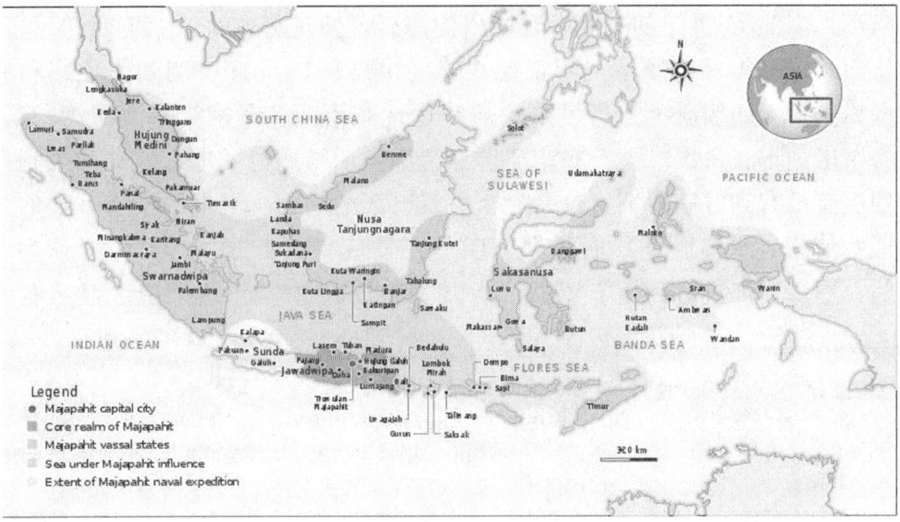

图5　满者伯夷王国影响范围②

① http：//imgarcade. com/1/srivijaya – empire – map.

② https：//ms. wikipedia. org/wiki/Majapahit.

者伯夷时，婆罗洲人民依然对中国人十分友好，元朝汪大渊的《岛夷志略》“渤泥”条也说到他们“尤爱近唐人，醉则扶之，以归歇处”。这时候的沙捞越河口岸已有华人聚居。[①] 直到今天，婆罗洲东北岸沙巴州有“中国江”（Kinabatangan）、婆罗洲最高峰“神山”也叫“中国寡妇山”（Kinabalu），[②] 这或许可以说明早期中国人（或者用“华人”一词更为贴切）在婆罗洲落户定居的肯定不在少数，他们不仅与当地土人和谐共处，也间接将中华文化带到当地社会，甚至融入本土文化中。

再把时间推到更早，考古学家在沙捞越沿海（婆罗洲西北部海岸线）发掘到刻有汉字的钱币、铁刀和铁钩，还有大量的汉代陶瓷器，这些发现或许就证实了早在公元前2世纪，就已经有中国人到达婆罗洲沿海一带，同时也带来了中国的器物和文化。郑德坤教授根据保存在雅加达博物馆里的爪哇和婆罗洲出土文物，认定一部分中国人早在汉代时就已到达岛上。[③]

郑德坤教授也认为：在唐宋两代，中国南海极有可能已经和希腊罗马时期的地中海一样繁忙了，中国、印度、伊朗和阿拉伯商人、僧侣以及旅行者也频繁地来往于这条“永远可以通航的海洋交通线”上。[④] 元朝之后，海上旅行已经非常普遍，当时人们习惯将东南亚海域分成两大部分——东洋和西洋，分界点就是以婆罗洲西海岸的文莱（也称汶莱）为中心：婆罗洲以东就是东洋，婆罗洲以西就是西洋，因此15世纪初明朝郑和的出使海外，便是著名的“七下西洋”了。

从明永乐三年（1405）至明宣德八年（1433）28年间，明朝正使郑和率领当时世界上最大的船队七次下西洋，航程远达东南亚、印度洋、波斯湾、红海、东非海岸诸国等，每次都会在东南亚群岛诸国停泊与逗留，那么，郑和来到东南亚，到底有没有到过婆罗洲？这是一个争辩已久的问题。早期的学者，如伯希和在考证费信的《星槎胜览》时依据《明史》卷三百二十五《浡泥传》认为，不止费信，连郑和都没有到过婆罗洲，所以“未证其事”。[⑤] 这个说法显然有所偏

---

① 朱杰勤：《华侨史》，桂林：广西师范大学出版社，2011年，第61－62页。

② “Kina”便是马来文的“Cina”，即指中国。“batangan”指大河；“balu”为马来文“寡妇”。“中国江”应是纪念当年中国船队登陆之地；“中国寡妇山”则源于当地一则凄美的传说，说是当年有当地土著女子嫁给中国客商，后来此中国人回国后不再来，女子天天在山上高地等候丈夫，日复一日，年复一年，最终因时间过长而化成石头。这个传说背后，正是隐藏着当时华人挣扎于南来与北归之间的痛苦抉择的遥远历史。

③ 郑德坤著，振亚译：《从沙捞越考古发现谈中国与东南亚地区的古代交往》，《东南文化》1986年第1期，第149页。

④ 郑德坤著，振亚译：《从沙捞越考古发现谈中国与东南亚地区的古代交往》，《东南文化》1986年第1期，第150页。

⑤ 伯希和甚至怀疑浡泥只是“传闻之国”，参见伯希和著，冯承钧译：《郑和下西洋考　交广印度两道考》，北京：中华书局，2003年，第44页。

颇。根据明代许多其他相关史料，已有学者考证郑和船队至少三次到过婆罗洲。[①] 如果直接参看《明史》，我们其实也会发现：浡泥国九次联同南洋诸国入贡，其中六次皆是在郑和等中官出使西洋之后，[②] 这之间明显有联系，或许正是明朝船队的到来，让浡泥等诸国也“礼尚往来”回头入贡中国，与中国修好以期获得庇护。

郑和的出使除了贯彻“睦邻友好”政策和巩固“正统礼制”的朝贡制度来宣扬国威，同时也是贸易经商的大好机会。郑和庞大船队的到来，一定程度上也肃清了当时猖獗的海盗问题，同时也协助调和东南亚各国之间的摩擦与冲突，保证了海上和平贸易往来的良好条件。郑和船队的“义行”，受到东南亚诸国的欢迎和尊重，而每到一地，除了宣诏送礼和经商易货外，极有可能也会留下一些人侨居当地，作为来日再访的后应。因此，郑和之后虽然中国海事逐渐衰落，与东南亚各国的联系慢慢退步，但是肯定还有不少私人商贾仍在进行海上贸易冒险活动，中国商船还是时常到达婆罗洲。在婆罗洲也继续用中国的货币和中国的度量衡，不少中国商人也继续侨居这里。[③]

由于航海知识的不断积累与技术的不断进步，较早记载在中国史籍中的有关婆罗洲的记录或许还有许多需要进一步厘清和重新定义的地方，但是不能否定的是，中国史籍中有关婆罗洲古代史的丰富内容，不仅是研究婆罗洲的重要史料，也是中国和婆罗洲双方在政经文教等方面交流联系、相辅发展、一同见证的珍贵记录。中国古籍中的婆罗洲，依然烟雾缭绕，远方岛国特使或者国王的到来，尝试拨开阵阵迷雾。这些历史事件，见证了中国与婆罗洲可能自秦汉以来便开始的联系。从政治的互助到经贸的互利，这种微妙的关系自古已有，我们相信至今以至于将来都不会断绝，因为大家都需要朋友。

---

① 有关郑和船队到过浡泥（婆罗洲）的详细论文，请参阅陈平平：《试举析郑和船队到过浡泥的若干明代史料依据》，《南京晓庄学院学报》2009 年第 4 期，第 89 – 94 页。

② 《明史》中记录了郑和出使西洋和浡泥入贡的事件大意如下：洪武四年，浡泥入贡；永乐三年，中官郑和帅舟使西洋诸国，是年，浡泥来贡，封其长为王；永乐四年，浡泥再入贡；永乐六年，郑和复使西洋，浡泥国王来朝；永乐八年，浡泥入贡；永乐十年，郑和复使西洋，是年浡泥入贡；永乐十四年，郑和复使西洋，是年浡泥入贡；永乐十五年，中官张谦使西洋，浡泥入贡；永乐十九年，郑和复使西洋，浡泥入贡。见二十五史刊行委员会编集：《明史》，上海：开明书店铸版，1935 年，第 14 – 21 页（总 7100 – 7107 页）。

③ 朱杰勤：《华侨史》，桂林：广西师范大学出版社，2011 年，第 63 页。

婆罗洲华人与海上丝绸之路：历史与现状①

陈琮渊②

一、研究背景

为应对国际政治及区域经济的变化，中国近年来宣扬和平发展，以“周边为首要”，扩大共同利益，分享经济机遇，促进对外关系。当中最重要的作为，莫过于中国国家主席习近平提出的“一带一路”（One Belt and One Road，OBOR）。为了更好地落实“一带一路”倡议，中国自拟“亚太自贸区路线”（FTAAP Route），成立“丝路基金”（Silk Road Fund）与“亚洲基础设施投资银行”（AIIB），展现强大的决心及大国担当。其中，“一路”战略，也就是取道马六甲海峡，途经缅甸、孟加拉、斯里兰卡，向东非、地中海地区延伸，横贯欧亚的“21世纪海上丝绸之路”（又称“新世纪海上丝绸之路”），被认为有助于缓解中国增长趋缓、内需饱和的经济“新常态”，更体现了在亚太区域整合的格局下，各方积极寻求各种可能的新模式。因此，“新世纪海上丝绸之路”的建设，特别强调经济支撑及文化交流，以实际利益及耐心诚意化解沿路国家疑虑，携手欧亚，振兴东方。

“新世纪海上丝绸之路”倡议强调当下的发展机遇，更重视历史上交流互动的渊源，尤其是华侨华人在当中所扮演的角色。众所周知，“海上丝绸之路”的概念最早出现在19世纪中叶，数十年前才广为学界所援引，但中国—东南亚海上航道及商贸活动的发展，却已有数千年的历史。论者更将之区分为三大路径，分别是：①起自中国成都，经云南、贵州、缅甸而往南亚的“茶马古道”（南方丝绸之路）；②从中国东部沿海出发，向东北亚及拉美延伸的远洋路径；③由中国东南沿海出发，经马六甲海峡而抵北非的“海上陶瓷之路”“海上香料之路”。第三条路线与中国接邻，涵盖东南亚主要地区，且华族人口众多，被视为亚洲商贸文明之路，更是华族移民发展之路。

---

① 本文为华侨大学“华侨华人研究”专项课题（编号：HQHRYB2014－01）的阶段性成果。

② 陈琮渊，华侨大学华侨华人研究院/国际关系学讲师，兼任《华侨华人文献学刊》编辑委员及《中外关系评论》编辑室副主任。

然而，婆罗洲作为“21 世纪海上丝绸之路”的必经之途，所得到的关注却相当有限，整体的历史图像不清晰，对于当地华侨华人的探讨多数是民族采风及随笔文字，流于表面。事实上，中国与婆罗洲有着深厚的渊源，但因婆罗洲在政治上分属马来西亚、印尼及文莱，脉络复杂、地广人稀且位处边陲，不少史料及论述存在偏误，因此对于“新世纪海上丝绸之路”的研究，不仅要“探今”，更要“访古”，也就是将田野调查及文献记载有机地结合起来。本文以海上丝绸之路的历史演化为经，以婆罗洲华人社会（区）发展为纬，钩稽两者的关联性，从而分析其当代意义，并以福建侨乡为例，探讨“新世纪海上丝绸之路”战略下中国侨务的最新动向。

二、出路：走出去就有路

华族“寄寓”（Sojourning）海外寻求出路，在历史进程中展现出迥异的样貌。其最主要的动力，无疑是跨境贸易的庞大商机。然而坐贾行商发展迅猛，却也风险极高。《汉书》就说道：“处近海，多犀、象、毒冒、珠玑、银、铜、果、布之凑，中国往商贾者多取富焉。……有译长，属黄门，与应募者俱入海市明珠、璧流离、奇石异物，赍黄金杂缯而往。所至国皆禀食为耦，蛮夷贾船，转送致之。亦利交易，剽杀人。又苦逢风波溺死，不者数年来还。大珠至围二寸以下。”①

由于官方禁止人民私下出洋贸易，历代商贸多依托于朝贡的形式进行，发展到唐代时，朝廷始置市舶司管理海上贸易，课而税之。宋代人口及经济重心南移，加剧华南地狭人稠的情况；甘冒风险，以海为田者比比皆是。《诸蕃志》有云：“番商兴贩，用夹杂金银及金银器皿，五色缬绢，皂绫，川芎，白芷，朱砂，绿矾，白矾，鹏砂，砒霜，漆器，铁鼎，青白瓷器交易。此番胡椒萃聚，商舶利倍蓰之获，往往冒禁，潜载铜钱博换，朝廷屡行禁止兴贩，番商诡计，易其名曰苏吉丹（按：加里曼丹）。”②

元代西疆陆路受阻于外族，特重视海外经营，交通频繁，商贾以官办船舶选民为之，南下日益踊跃。纵使如此，贸易的风险同样不容小觑。《岛夷志略》写道：“回船之际，至吉利门（按：新加坡附近小岛），舶人须驾箭棚，张布幕，利器械以防之。贼舟二三百只必然来迎，敌数日。若侥幸顺风，或不遇之。否则

① 班固著，颜师古注：《汉书 · 地理志》，北京：中华书局，1972 年，第 1670 – 1671 页。

② 赵汝适著，冯承钧校注：《诸蕃志 · 阇婆国爪哇》，台北：台湾商务印书馆，1986 年，第 25 页。

人为所戮，货为所有，则人死系乎顷刻之间也。”[①]

16 世纪之前，华人在婆罗洲主要经营以物易物的帆船贸易，随着经济起伏，其活动大体上是季节性及流动性的，零散地混居于各族之间，绝少终老于斯。自宋元两朝起，一些华人开始安居落户，繁衍子孙。东南亚地广人稀，物产丰饶，土著民族安于农事，已足自给，物欲淡薄；民风剽悍者，辄啸聚海疆，叱咤一方，除了武吉士（Bugis）、亚齐（Aceh）、马都拉（Madura）等少数例外，总体而言货殖思想未见发达，对华族移民而言可谓商机无限、富源无穷，即使明初废市舶司，实行海禁，仍然阻挡不了中国人出海经商的风气。[②]

永乐帝遣郑和领宝船宣扬国威后，南洋贸易更见活络。《瀛涯胜览》便记载了爪哇（泗水）、马来半岛（马六甲）等地不仅商旅麇集，更已出现华人聚族而居的自治社区。[③]

明季到盛清时期，华人移居情况开始出现若干转折。首先是西人势力东渐，商品经济成熟催生了新一波的移民潮。葡萄牙、西班牙人因地理大发现进而拓殖东方，傲睨争雄，一时无两；嗣后荷兰、英国分别成立东印度公司，踵继称雄；世界贸易网络因强势武力及法人组织（企业）的推动而迅速扩张。西方资本加速了东南亚的开发，既创造了新的谋生及发展机会，亦再度热络了华人出洋的意愿。

首先，因生存压力及厚利所驱，更多的华人开始移入东南亚各港市附近的乡区从事胡椒、甘密（Gamiber）的栽植，槟城、新加坡、柔佛等港埠的初期发展皆以种植为本。[④] 华人在东南亚的发展面临各种危险、歧视及挑战且得不到祖籍国支持辅翼，甚至连人身安全都缺乏保障，因而在东南亚一些农业未开、主权未定的榛莽之地，华人移民社群基于发展需求及互助倾向，发展出农矿合一的“公司”（Kongsi）制度，无论是马来半岛的锡源地或西婆罗洲的金矿脉，都可以发现这种政经自治实体，维持到 19 世纪中叶才转趋衰微。[⑤]

其次，殖民竞逐与资本主义发展相结合。列强在东南亚的竞逐在于原料、市场及劳动力的争夺垄断；这些早期工业化国家因商品生产过剩，劳工失业严重，经营殖民地既可充裕财政，又是化解资本主义危机的当务之策，各国多汲汲为之。为了开发锡矿、橡胶、热带种植等产业，西方各国一方面鼓励人民到东南亚

① 汪大渊著，苏继庼校释：《岛夷志略校释》，北京：中华书局，1981 年，第 214 页。

② 田汝康：《17—19 世纪中叶中国帆船在东南亚洲》，上海：上海人民出版社，1957 年。

③ 马欢著，冯承钧校注：《瀛涯胜览校注》，台北：台湾商务印书馆，1970 年。

④ 潘醒农：《回顾新柔潮人甘蜜史》，《潮侨溯源集》，新加坡：八方文化企业公司，1993 年，第 49－69 页。

⑤ 李恩涵：《东南亚华人史》，台北：五南图书出版股份有限公司，2003 年，第 633－635 页。

开展事业，另一方面透过掮客以诱拐、绑架、不平等契约等手段，大肆招徕华族移民劳工，形成恶名昭彰的苦力贸易（Coolies Trade）。大量勤勉且工资低廉的华工，很快填补了劳动力缺口，因华人积极垦殖经营的创业精神，也与殖民地注重经济的发展方针不谋而合。19、20 世纪之交东南亚经济形势大好，华族移入人数屡攀新高，移民潮一直延续到 20 世纪 30 年代的全球大萧条时才告消退。

再次，华人资本的崛起及新劳动力的移入，改变了社群组织及经济生产方式。海上贸易网络为华人族裔经济的成长与扩散打下了基础，有利于华人扮演中介商及零售商的角色，串联起殖民时期的当地市场及对外贸易。随着大量新移民的移入，华人的职业更趋多元，农工商业兼而有之，积攒薪金，储蓄所得为其创业的主要根底，财富的快速积累也成就了许多华族殷商，将资本再投资于农、工、商、矿业（橡胶、锡矿、种植业）。由于华人大量迁入、流动和扩散，19 世纪中叶到 20 世纪初期，百工繁滋、商旅麇集的槟城、马六甲、新加坡、曼谷、堤岸等华人“族裔聚居地”（Ethnic Enclave）已成为侨民经济社会活动的重心，并进一步延伸到周边地区。

三、婆罗洲与海上丝绸之路刍议

对于“海上丝绸之路”的研究，在中国及国际学界已有百多年的进展，近年随着新形态大国关系的崛起及亚太政经格局的转变，再度蹿升为热门议题，相关文献及讨论大量涌现。诚如龚缨晏所言，海上丝绸之路研究有其明显的国际性及国族性，时常受到中国国力及对外关系的影响而浮现出不同的关注焦点。早期的研究，除了少数例外，多半属于杂史笔记、档案整理及方志书写，存在重复研究、学术性及理论探讨不足的问题。纵使近年来海上丝绸之路成为学界热点，但实质内涵仍众说纷纭，亦存在许多有待补白的议题及领域。[①] 笔者认为，由区域研究的方法与视角切入，聚焦中国—东南亚关系，是把握“海丝”议题的关键。事实上，将之视为一组商贸、宗教、文明汇流的复式网络，而不仅仅是由东向西的航海路线，复式网络航线将更能掌握海上丝绸之路的发展。值得注意的是，作为海上丝绸之路研究的重要组成部分，东南亚华侨华人的研究虽然重视中国—东南亚关系的发展脉络，但长期以来仍停留在史地考释的层次，未能进一步地将华族移民史与海上丝绸之路的发展有机结合，针对特定区域进行较为全面而系统的分析。

中国与婆罗洲有着深厚的交流互动及历史渊源，但对婆罗洲华人如何参与海

---

① 龚缨晏、刘恒武主编：《中国“海上丝绸之路”研究百年回顾》，杭州：浙江大学出版社，2011 年。

上丝绸之路发展的历史与现状的探讨，就相对缺乏。在中国的古籍中，婆罗洲曾被称为渤泥、婆利、婆罗、婆罗乃等，泛指今天文莱、马来西亚的沙捞越、沙巴及印度尼西亚的加里曼丹地区。西人记载元世祖曾派兵远征，并在婆罗洲北部设立行省；沙巴的京那峇当岸河（Kinabatangan River）及京那巴鲁山（Kinabalu Mountain）（另称“中国寡妇山”）及若干地名的渊流背景，有着华人使者与文莱王室互动的传说。亦有一说认为郑和下西洋时，曾两次经过渤泥。清代中叶，大批客籍华人渡海到婆罗洲西部坤甸（Pontianak）和三发（Sambas），采金开矿，形成聚落。西元1777年，罗芳伯更成立了“兰芳共和国”。19世纪30年代起，由于受到荷兰殖民政府的压迫，部分西加里曼丹华工迁徙至沙捞越，发展出新的华人社群，显见华人移居婆罗洲的历史及其与海上丝绸之路的关联性。

纵然有如此深厚的渊源，然而无论是在东南亚华侨华人或海上丝绸之路领域，婆罗洲时常是被忽略，甚至是存在许多误解的一个区域。虽然高延①、黄建淳②、石川登③、许耀峰④等学者对于婆罗洲各地华人已有论述，但到目前为止，专门讨论婆罗洲华侨华人与海上丝绸之路关系的著作仍不多见，亦缺乏将各地华社的历史发展与现实情况，连点成线、由线而面加以串接诠释的系统性研究。不仅多数的当代华侨华人研究者更关注马来半岛及爪哇群岛的情况，在史籍中，明代张燮的《东西洋考》也曾将浡泥（位于婆罗洲北部）与大泥（位于马来半岛泰国北大年）相混；亦有著作将耶婆提（Yavadvipa）误作婆罗洲，可见婆罗洲华侨华人与海上丝绸之路关系的探讨，很需要华社文献及田野调查来补足。

四、婆罗洲华人的发展与现状

婆罗洲位于爪哇岛（Java）以北，苏门答腊（Sumatra）以东，苏拉威西（Sulawesi）以西，面积484 330平方公里，为世界第三大岛，分属马来西亚、文莱及印度尼西亚三国。中国与婆罗洲的通航记录最早见于《梁书》，之后各个朝代对婆罗洲有着不同的称呼，据信都是不同拼写方式的音译。1408年文莱国王麻那诺·加拿乃（Maharaja Karna）更率领皇室成员亲至北京朝贡，受到明成祖

---

① 高延著，袁冰凌译：《婆罗洲华人公司制度》，台北：近史所，1996年。

② 黄建淳：《砂拉越华人史研究》，台北：东大图书股份有限公司，1999年。

③ ISHIKAWA, NOBORU. Between frontiers: nation and identity in a Southeast Asian Borderland. Singapore: NUS Press, 2010.

④ HUI, YEW-FOONG. Strangers at home: history and subjectivity among the Chinese communities of West Kalimantan, Indonesia. Netherlands: Brill, 2011.

礼遇，而后不幸病逝南京，埋骨于中国，则可见证两国当时的交往密切。①

考察中国与婆罗洲关系的历史记载可发现，1503 年，意大利史家必加斐达（Pigafetta）已在其游记中记载曾于文莱皇室中发现中国的丝织品及器物，但没有提到是否有华人社群存在，更无文献直接描写当地的情况。② 能佐证华人活动的，便是“二战”后的考古进展，美里尼亚石洞（Niah Cave）陆续有陶器残片、铜币、锅炉等明代文物出土；1948 年，沙捞越博物馆在山都望（Santubong）挖掘出华人日常生活器物及贸易商品，后续的相关考古研究间接证实沙捞越河流域各港口为中国—婆罗洲交通据点的可能性。③

19 世纪欧洲商人杭特（J. Hunt）与新加坡总督莱佛士（Sir Stamford Raffles）在通信中则提到：“1520 年葡萄牙人初抵婆罗洲，当时本岛极繁昌，沿岸地方华侨居往极多，产业盛旺，中国帆船往来频繁。”④

本文以婆罗洲最具规模的华社沙捞越为主，兼采作者 2011 年在印尼西加里曼丹华社的调研资料，说明华侨华人在婆罗洲的历史与现状。沙捞越为马来西亚土地面积最大之一州，中古时期陆续成为室利佛逝、满者伯夷（Majapahit）王朝之势力范围，15 世纪后沙捞越属文莱苏丹管辖，19 世纪中叶英国探险家詹姆士·布鲁克（James Brooke，1803—1868；在位 1841—1868）因缘际会，襄助文莱摄政王哈森（Muda Hassim）平乱，获封拉者（Rajah），成为沙捞越之统治者。

1868 年詹姆士·布鲁克逝世，拉者之位由其侄查尔斯·布鲁克（Charles Brooke，1829—1917；在位 1868—1917）继替，查尔斯又传位于其长子维纳（Vyner Brooke，1874—1963；在位 1917—1946）成一世袭专制王朝，以至于“二战”终焉。沙捞越政府之最高首长为拉者，下设最高理事会（Supreme Council）。华人社群则于 1912 年始设华人裁判庭，由总侨长领各属头人为之。⑤

在布鲁克政权肇建前，华人已以公司形态在西婆罗洲各地从事矿业采掘。两者最初尚能和平相处，然而随着布鲁克王朝版图的扩张，沙王于 1856 年引进英资慕娘公司（Borneo Company），进一步插手久为华人公司所垄断的金矿利权，两者彼此抵触，终酿成 1857 年石隆门（Bau）华工抗暴起义事件，几乎颠覆了布

---

① 房汉佳：《砂拉越拉让江流域发展史》，诗巫：马来西亚砂拉越诗巫民众会堂民族文化遗产委员会，1996 年，第 16 页。

② 刘强：《婆罗洲一瞥》，新加坡：南洋学会，1966 年，第 20 - 22 页。

③ 柯佳育、谢明训：《考古学方法在地方史研究中的应用——以砂拉越沙东河流域发现的中国外销瓷器研究一文为例》，收录于杨婺琍编：《地方史研究与华人身份认同》，诗巫：砂拉越华族文化协会，2014 年，第 203 - 223 页。

④ 李长傅：《南洋华侨史》，上海：国立暨南大学南洋文化事业部，1929 年，第 66 页。

⑤ 《驻山打根领事馆呈送该辖区报告乙份敬请核备由》卅字第三五一〇号。转引自何凤娇编：《东南亚华侨资料汇编》（一），台北：“国史馆”，1999 年，第 1 - 150 页。

鲁克统治。经此浩劫，拉者政府虽对华人存有戒心，但仍正视华人移民的经济潜能及贡献。二代沙王查尔斯积极发展农业垦殖及商业贸易，以优惠的土地及移民条件招募大量华工来沙，投入经济作物的种植与出口。随着椒蜜业收获渐丰，输出可观，沙捞越的经济蒸蒸日上。① 福建王友海（1818—1893）、诏安田考（1824—1904）及潮州刘建发（1835—1885）等巨富的发达事迹，也吸引了更多华人移民前来。1898 年以后，沙捞越政府更鼓励集体移民垦殖，而有黄乃裳、邓恭叔等人相继率领大批同乡来沙肇建垦场，聚居传衍。

20 世纪以后，胡椒和树胶成为沙捞越主要经济作物，加上 1895 年美里发现油田，当局于 1909 年与蚬牌（Shell）公司合作，成立沙捞越石油公司（Sarawak Oil Company）。两次大战期间，树胶、胡椒、木材及石油的出口持续成长，商业发达，人民生活水平提升。1941 年日军占领沙捞越，12 月 24 日政府投降，人民陷入长达三年零八个月横征暴敛的军政统治。1945 年沙捞越光复，但第三任拉者却以百废待举、无力复原而欲将政权予以英国政府。经沙捞越议会投票，1946 年 7 月 1 日，沙捞越正式让渡，成为英国殖民地。

沙捞越政府为华人移民所提供的优惠垦殖条件，加之华人头家与布鲁克政权交好，因此华人几乎掌握了沙捞越各种商业之利权，经济力量颇为可观。《砂罗越国志略》有云："越之商业，多在华人之手，彼承其祖业，享此间之幸福，鲜有弃侨地回居其祖国者；且一生未尝一回祖国者亦多有之。至商业中不论何事，尽得与政府磋商。"②

1959 年 6 月 4 日，以华人为主的多元民族政党——人民联合党（SUPP）成立，意味着沙捞越政治体制正逐步转型。当时信仰共产主义的华族左翼青年，热烈投入反帝反殖运动之中。1961 年 5 月 27 日，东姑在英国支持下提出"大马计划"，更将反帝反殖的风潮带上高峰。

1963 年沙捞越著名华商林鹏寿代表赴英签署《马来西亚协议》（*The Malaysia Agreement*）后，于 1963 年 9 月 16 日成为马国最大的一州。在接下来的数年中，反大马的左派激进运动仍如火如荼地进行，直到 1973 年北加里曼丹共产部队的主要领导人黄纪作与政府展开和平谈判，率领部众走出森林，结束所谓"十年动乱"——史称"斯里阿曼行动"（Operation Sri Aman），局势才渐趋安稳。

加入大马后，沙捞越的政经发展开始受到联邦政府政策及西马政治风向的影响，与中国的互动往来，自然附翼其下，但值得注意的是，沙捞越黄文彬等知名华商在中马建交及友好发展方面的贡献，并不亚于沙巴及马来半岛，并时有开风

① 丘立基：《砂拉越史话》，古晋：黄文彬报业机构，2003［1962］年，第 132 - 138 页。

② 林守骃：《砂罗越国志略》下篇《商业志》，上海：商务印书馆，1926 年，第 72 页。

气之先之举。

婆罗洲华社发展有其多样性，与沙捞越接邻的印尼西加里曼丹华人，就有着全然不同的命运。[①] 笔者在坤甸调研时观察到，进出坤甸机场的人群中有不少操着华语、客家话及其他华人方言的东方面孔旅客，探询后得知，他们多数来自雅加达、新加坡、古晋等华人人口集中的大都市，也有从马辰（Banjarmasin）等婆罗洲内陆大城到来者；不少新马华商以坤甸为进出加里曼丹各大城市之门户，从事香木、燕窝及土产生意，他们在收购产品后再加工贩运到世界各地。华商在当地沟通无碍；对于疏通关节，打点关系更是不在话下；但这些华人“头家”通常还是会聘用当地助手，帮忙翻译、开车、上下货、跑文件，深入乡区时还兼当保镖。

坤甸华人社群以潮州人及客家人为主流，亦有少部分福建人。以布雅斯河（Kapuas River，当地华社称为“卡江”）为界，以东是经营零售批发生意，较早取得商业成就的以潮州人为主的聚落——当地名之老埠头，而以西的新埠头，客家移民长期在此农耕畜牧，近年则陆续在政府的推动下开发为工业区，也有不少客家人投身商界。在拜访过的诸多商界人士中，令笔者印象最深刻的是经营沉香贸易的张老板。张老板是出生于老埠头的潮州人，操流利的华语、英语及印度尼西亚语，且能与我们以简单的闽南语对答。随着雨林环境的破坏及国际掮客的炒作，或近年来已发展出人工培育的技术，天然沉香（香木）仍因物以稀为贵而价格不断攀升，上等者每公斤以万美元计价。在印度尼西亚政府严加管制出口的情况下，张老板何以仍能拥有众多质量俱佳的物件？张氏低调地表示，土产收购依赖长期的商业网络布建，抢先一步以合理价格在印度尼西亚乡区收购；另一方面，能跨国操作的资金及运输的组织也很重要，除了在身边当帮手的女儿，他也与亲族在新加坡、中国香港成立贸易公司，经手货品及货款的全球流动。笔者当然好奇香木这种单价奇高且保育敏感的商品是如何顺利通过重重关卡，便银货两讫地送到亚洲、欧美等地卖家手中。张老板一边熟练地拣选沉水上料，一边缓缓地说道：“任何合法的运输买卖都会有个代价，我们做生意的，就是想尽办法让这个代价更合理化……”至于怎么个合理化法，当下他圈起的手势及神秘的笑容已让一切尽在不言中。

坤甸市中心的 Gajah Mada 大街上，过去直接在各大排水沟渠上架板开档，入夜后人声鼎沸的饮食摊商已难复见，愈来愈多的各式高档餐厅、旅馆百货开始参差树立，具体呈现了现代化、都市化发展的不均衡（Uneven）进程；在笔者入住的市区饭店后方，在一大片木造平房建筑群中，若干街角违和地散落着几座簇

---

① 以下资料改写自陈琮渊：《印尼西加里曼丹华社纪行》，《南向》2014 年第 18 期，第 5 - 8 页。

新且颇具宫廷气派的欧式豪宅，一座悬挂巨型红灯笼的园邸引起笔者的好奇，经询问后得知这些豪宅不少属于当地华商，他们的财富多来自承包政府工程或从事进出口贸易，其发家致富的时间或许不一，但外显的炫富奢华及族裔物质文化表征，无疑与近年来印度尼西亚民主开放、族群政策松绑的脚步亦步亦趋。

千禧年以来，印度尼西亚族群政策日渐开明，中国大陆经济快速崛起，对东盟国家投注大量经费及人力，侨务公共外交及文化影响与日俱增。对华社而言，影响最直接的便是华文的使用及推广蔚为壮观。不仅部分机构及店招开始使用中文招牌，苏哈托时代海关没入任何印有中文字（包括报纸）出版品的情况几近没有。西加里曼丹华文学校教育管道自 1965 年遭政府封禁后的 30 年间，华文学习转为地下化（秘密补习）、家庭化。以山口洋市为例，直到 1998 年方有公开对外招生的华文家教，来年才成立设有课室的补习班，近年基于现实（如就业）及从众考虑，坤甸、山口洋等地华文补习班招生几乎班班爆满，向隅者众。这股华文热也持续燃烧到非华人社群，2011 年笔者在坤甸“华文教育协调机构”访谈三位刚自西加华文师资培训班结业的年轻教师，她/他们来自孟加影（Bengkayang），由当地华文补习班选训的眯者（Mizanur Hamni，马来族）、吴蜜（Umi Arfia，马来族）及文光（Sabinus Iden，达雅族），曾赴山东师范大学深造，未来将成为西加华文教学的生力军，其流利的中文表达及对中国历史文化的理解令人印象深刻，甚至眯者家庭中便有七人学习华文，无怪乎当地某文化工作者向笔者表示，友族主动学习华文、向华族展现善意的情况，在从前根本无法想象。

在缺乏教育资源、升学信息及管道的情况下，山口洋的华文教育仍亟待重整及衔接，华人子弟赴外留学之路非常艰辛。可喜的是，当地热心人士勤于奔走，山口洋教师联谊会、山口洋地区乡亲会等文教组织陆续成立，为华族文化及母语教育的传承工作带来一剂强心针。山口洋的华文教育事业，除了学校教育有限的华文课外，主要仍属私人学习。在师资方面，有来自中国大陆国家汉语教学办公室、中国国务院侨务办公室所补助转派的志愿者教师，当地华社也积极培养本地师资，尽力募资将之选送出国深造，育成华教的生力军。

五、新世纪海上丝绸之路的侨务意涵

综上所述，海上丝绸之路除了是商贸文明之路，更是移民发展之路。在“新世纪海上丝绸之路”战略推动的背景下，华侨华人作为“民间大使”的角色备受瞩目。华侨华人关系通达，财势雄厚，参政议政表现不俗，可成为中国及东盟国家彼此沟通、化解矛盾的桥梁；而海外闽籍华人现已超过 1 200 万人，多数集中在东南亚，福建省作为侨务大省及侨乡重镇，联结华商侨智促进海丝发展，推动中国企业走出去，也有不可推卸的责任。王赓武院士向笔者谈及此议题时表示："海上丝绸之路是贸易、经济的关系，重点还是姿态以及与沿路国家的对等待遇，尤其是科技、投资及金融的互助。其中，信任关系的建立是最重要的，很多话互信的时候都可以讲，一旦互信不再，弥补很困难，最好维持友好关系，大家保持一种敏感，出言谨慎。但这里还有一个问题，就是每个国家的文化、风俗习惯都有不同，都要去适应。华侨华人在东南亚何以成功？关键在于他们缺乏国家保护，完全靠自己，了解当地的问题与情况。"①

旨哉斯言，考察华人如何参与到"21世纪海上丝绸之路"的建设当中，特别是新形势下的相应侨务作为有何变化当属重要，兹以侨乡福建省为例，说明"新世纪海上丝绸之路"推进的过程中，侨务政策如何与婆罗洲等东南亚地区华侨华人对接，提出哪些新思维及做法。

在政策方面，福建被规划为海上丝绸之路的核心区，福建的侨务推动受到习近平总书记的重视。因为福建省在侨务方面具有许多优势。首先，历史上，福建与"一带一路"关系密切。泉州是宋元时期海上丝绸之路的主要港口，漳州月港是明朝中后期海上丝绸之路的始发港，福州则是郑和下西洋的重要基地。其次，福建华侨政经实力雄厚，为数可观的婆罗洲华侨华人，将能在中国与马来西亚、印度尼西亚、文莱的合作上发挥助力。再次，闽南文化及民间信仰在婆罗洲普遍流行，形成重要的交流纽带。

2012年，福建省侨务办公室就制定了"八项行动"，并取得了可观成效：①侨经结合：敦聘请专家学者讲座、编印资料，让侨务干部加强学习；②每月一侨：每个月邀请重点侨商来闽访问，与省或侨务部门领导会见；③内外架桥：每季向海外侨商重点推介一个可资投资发展的区市；④重点侨商：与侨商们保持密切关系，引导关注、投资福建；⑤侨资入闽：推动海外侨资金融机构设立分支机构、代表处等；⑥智库挖潜：建立海外专家资源库，邀请来闽技术合作、创业；⑦项目跟踪：建立跟踪服务机制；⑧侨社凝聚：加强海外侨社的联系，促进团结合作。② 在"一带一路"政策沟通、设施连通、贸易畅通、资金融通、民心相通的政策指导下，福建省侨务工作的方针更明确为"六个拓展"③：

（1）拓展侨团联系：联系海上丝绸之路沿线国家重点侨团侨商，分批邀来

---

① 2014年12月8日，王赓武院士于新加坡国立大学东亚研究所接受笔者访谈记录，第5页。

② 吴宗斌：《实施"八项行动" 拓展"两个服务"——福建省侨办服务经济社会发展和侨胞事业发展"八项行动"取得扎实成效》，《侨务工作研究》2014年第5期，http: //qwgzyj. gqb. gov. cn/jyjl/180/2533. shtml。

③ 整理自2015年4月18日于华侨大学聆听福建省侨务办公室林泽春先生的演讲，以及笔者对若干侨务干部的访谈。

闽考察访问，以发展侨乡为号召，引导参与海上丝绸之路建设，并借力使力，以侨团协助推动“一带一路”建设在海外宣传。

（2）拓展侨务引资：邀请侨商考察，借助闽侨带动大企业来闽投资。例如组织侨商赴平潭、福州、厦门开展商务考察，推介福建自贸园区的政策规划和重点项目，另引导华商在厦门及福州建立企业总部。

（3）拓展侨务侨智：建立“福建省侨办海外科技专家顾问团”建言献策，同时邀请海外华侨华人高层次人才开展常年性项目、成立虚拟研究院，扩大与海外华侨华人科技人士的联系。

（4）拓展文化交流：举办“新世纪海上丝绸之路”国际研讨会、海丝专题夏令营、文化大赛、海外华文教师培训。并通过编修《福建华侨史》、成立“福建省海外华文媒体联盟”，促进与东南亚国家民俗、宗教、文化等方面的民间交流。

（5）拓展“走出去”战略：发挥侨商遍布世界和熟悉国内外市场的优势，引导和支持中国企业与海外侨商合作开发海外能源、矿产等紧缺资源类项目，提高国际合作和竞争的能力。

（6）拓展公共外交：借助侨领的影响力，以民促官，推动与海上丝绸之路沿线国家官方机构的双向往来，探索建立海上丝绸之路城市联盟，搭建更多的交流合作平台。相关干部利用出访、接待等机会，向外宣传“21 世纪海上丝绸之路”。

六、结语：以侨为桥，以侨为师

“一带一路”的推动需关注与各国之间的微妙互动，不存在一体适用的政策，而是取决于各地的需要及特色。婆罗洲是一个跨越政治及族群边界的空间概念，当地华人社会复杂多样，发展经验各异其趣，考察长期被忽略的婆罗洲华人移民历史及华社发展现况，现实意义在于既要“以侨为桥”，发挥婆罗洲华侨华人“搭桥引路”的连通作用，更要“以侨为师”，向他们取经，深刻掌握当地的语言、文化及社会情况，为新世纪海上丝绸之路建设添砖加瓦，助力中国—东盟命运共同体的发展。

在地化

他的历史、她的历史：英吉利里和鲁勃安都的华伊通婚[①]

嘉尔蓝谷　周丹尼

一、引言

本文所收集的是在英吉利里和鲁勃安都进行的华伊通婚夫妻的个别口述历史。自华人定居在这个地区开始，这里的华伊通婚现象就相当普遍。受访者述说的过往生活经验让我们洞悉了沙捞越的过去和现在，也清楚反映出受访者所承受的社会和文化历史冲击。

我们逐字记录受访者的口述内容，如此才能真实地呈现出他们的记忆本体、个人经历和身份。

我们的研究动机源于其中一位撰写者（周丹尼，1990）先前对沙捞越华人先驱者和近期对英吉利里客家人的研究。英吉利里和鲁勃安都都是内陆市集小镇，英吉利里是副县中心，而鲁勃安都则是鲁勃安都县的行政中心，范围也包括英吉利里副县在内。本区人口以伊班人居多，华人属少数族群。

本文是我们两人的合作成果。嘉尔蓝谷主要负责伊班人的访谈、整理族谱，他也积极参与周丹尼的华人访谈工作。周丹尼精通客家话和潮州话，同时通晓伊班语。

访谈分成两个主题，一为过去和现在的连贯，二为文化性和个人的身份界定。这里收录了六个通婚案例的男女双方口述历史。虽然口述历史所涵括的范围小，但我们认为这些精挑细选的案例所陈述的是这个地区的实际情况。在这里，不同族群的人比邻而居，他们的关系密切，通过学习和工作上的接触与双向影响进而通婚是一种自然的过程。

二、研究背景与讨论

我们的记录从布洛克时代（1841—1941）开始。众所周知，在查理士布洛克统治期间（1863—1917），第二省范围包括峇丹鲁巴（Batang Lupar）上游盆地，

① 特别感谢古晋的世界自然基金会成员 Henry Chan 和 Alicia Ng 帮忙绘制族谱和地图。

也就是今天的英吉利里和鲁勃安都。

根据善丁的说法，峇丹艾的支流乌都河与古邦河，也就是英吉利里和鲁勃安都的所在地是伊班人从加里曼丹西部卡普瓦斯河移居到沙捞越的第一个落脚处[①]。虽然19世纪中叶前，在英吉利里附近的马鹿（Marup）有一家客家人的采矿公司，英吉利里向来是客家人聚居的地方，一直到今天，还有很多客家人在这里从事小型商业蔬菜种植[②]，但是，在查理士布洛克的“专制君权”统治下，第二省从来就不是一个蓬勃的经济特区[③]。

峇丹艾上游的鲁勃安都发展成为潮州商人的贸易重镇。在1900年，整个第二省地区大约有2 000名华人、50 000名伊班人和10 000名马来人。一直到今天，华人都是这个地区的重要少数族群。

我们在2013年和2014年先后走访了鲁勃安都，在那里我们有幸知悉其中一位鲁勃安都的受访者陈亚军（Tan Ah Kin），他还记得其祖父曾经在阿伦德尔堡（Fort Arundell）担任过鲁勃安都省长基伯·阿伦德尔（Gilbert R. H. Arundell）的书记。基伯·阿伦德尔从1937年至1942年出任鲁勃安都省长。

然而，我们的主要研究重点是布洛克政府的态度和政策如何影响通婚家庭，这个观点其实也涉及更大的研究范畴——华人的下南洋。和其他地区相似，19世纪移居沙捞越的华人大多数是男性。基本上，对生活在沙捞越偏远地区的华族男性而言，要找到华族女伴或妻子的机会是相当渺茫的，在这种情况下，土著妇女就成了社交伴侣和结婚的对象，这种趋势一直延续到现在。

布洛克政府对种族关系抱持刻板固定的观点，他们无视华伊通婚中孩子的权益和选择权，这些孩子只能从父姓，归父亲所属的族群。这种明文规定的种族界定法一直沿用到今天。但是，诚如我们所看到的，自我的族群定位和官方所设定的并不一样。布洛克政府对族群的看法也高度配合了其所圈定的华人定居与经商地点：华人必须住在能够受到监控的市集，而不是在有机会欺诈和影响伊班人的长屋或小船上。但是华人未必严格遵守这些规定居住和经商地点的法令。

受访者郑吉民（第三对夫妻）就举例说明他的船贩父亲在勒玛纳（Lemanak）河经商时与他的伊班妻子相遇（族谱3），并在一座长屋内开店经商。这个故事的延续是郑吉民和朱诺阿纳本利瑙（Chunuk anak Brinau）结婚，在鲁勃安都的南甲克西（Nanga Kesit）经营一家小店。

在我们的口述历史中还有一位受访者是华人邦曼查（社区领袖）的女儿Get-

---

① SANDIN, BENEDICT. The sea dayaks of Borneo before white rajah rule. London: Macmillan, 1968: p. 4.

② CHEW D. Hakka in Engkelili, Sarawak: Community and identity. Kota Samarahan: Institute of East Asian Studies, University Malaysia Sarawak. Report submitted to the Chiang Ching Kuo Foundation, Taipei, 2012.

③ PRINGLES, ROBERT. Rajahs and rebels. London: Macmillan, 1970.

ty Chua（第六对夫妻）。她是鲁勃安都的第四代华人，在父亲的店屋里工作。其他受访的夫妻都不是商人，这也颠覆了一般人认为乡区华人都是商家的观念。

沙捞越宪报的月度报告指出，布洛克政府严密监控乡区华人商家主要是为了经济监控和行政管理。如果郑吉民和 Getty Chua 所陈述的是布洛克时代的商业贸易情况，那么刘亚万和乌韵阿纳孟刚（第一对夫妻）的访谈内容就属于战后英国殖民统治和马来西亚独立的那一段动荡岁月。

布洛克时代也可以被标榜为一段反布洛克统治的抗争岁月，有几次抗争活动几乎推翻了布洛克的统治①。战后反殖民统治和布洛克王朝时期的抗争活动没什么不一样，只是战后抗争活动大多数是由华人青年领导、伊班人支持。

沙捞越在地华人对殖民主义和马来西亚所持的态度从 20 世纪 60 年代初期开始到 1973 年结束的小规模共产叛乱中可见一斑。共产叛乱横扫英吉利里副县，当时的英吉利里是反殖反帝反大马的军事活动热点。刘亚万和他的伊班妻子乌韵阿纳孟刚也参与了这股热潮。刘亚万和乌韵分别被关了八年和一个月，但他们还是对彼此忠贞不移。他们不怨怼过去的牢狱生活，对当年反殖的爱国激情，他们也不言悔。今天，刘亚万是英吉利里的甲必丹（华人社区领袖），也是当地受人敬重的华人代表。

陈亚军、郑吉民和刘亚万的故事与布洛克时代及后来的殖民时代息息相关，其他人所陈述的则以身份认同居多。或许在某种程度上，父系传承的种族界定，让其中三位华伊通婚之下（参见族谱 2、3 和 5）的男性受访者，陈亚军（第二对夫妻）、郑吉民（第三对夫妻）和蔡国华（第五对夫妻）都自称华人。布洛克政府不允许华商在伊班长屋开店做生意或“与达雅人一起生活”，然而不是人人都遵循这些法令的②。因此，华人是不可能“成为达雅人”的。③ 父系制度也是华人的传统观念。但是他们的伊班配偶在种族界定上却莫衷一是。伊班妇女在婚后会自称“华人”“伊班人”“华伊”或“混种”。

对自我身份认定的这种机动性处理方式也延伸到他们的宗教信仰中。华人受访者信奉华人传统宗教，包括敬拜祖先和神明。其中受访的两位伊班妇女拉基娜（Rajina，第五对夫妻）和塞拉依（Serai，第四对夫妻）是基督徒，但是婚后她们都接受并遵循丈夫的宗教仪式。然而，每年年底回到长屋的她们还是会到教堂

---

① PRINGLES，ROBERT. *Rajahs and rebels.* London：Macmillan，1970.

② CHEW D. Chinese pioneers on the Sarawak frontier 1841—1941. Singapore：Oxford University Press，1990.

③ 以下引文反映了布洛克政府的态度：“一些年轻的华人来找我，要求我允许他们和达雅人一起住，和达雅人缴付一样的税款，他们穿着达雅人的服装，也娶了达雅妻子……我不认为华人和达雅人住在一起对达雅人有好处，因此我命令他们回去和他们的族人一起生活……”（麦斯威尔：《第一省省长》，《沙捞越宪报》，1893 年 6 月 1 日）。

参加礼拜，她们的华人丈夫和孩子们也都参加这些礼拜。华人丈夫还会陪伴他们的伊班妻子出席长屋里的葬礼或庆典。其中两位华人配偶，陈亚军（第二对夫妻）和 Getty Chua（第六对夫妻）随他们的伊班配偶改信基督教。郑吉民的伊班妻子朱诺也是基督徒，但郑吉民并没有改信基督教。

郑吉民和 Getty Chua 的父亲对宗教信仰都抱持包容的态度，尽管他们两人都说改信基督教是迟早的事，但是他们仍旧敬拜祖先和神明。

宗教包容和交换信仰的同时，语言交流和双向转换随之而来。受访者说得一口流利的伊班语和潮州话或客家话并不足为奇，夫妻之间的对话也是客家话和伊班话交杂。塞拉依（第四对夫妻）和乌韵（第一对夫妻）两人都能说流利的客家话，而朱诺（第三对夫妻）会说潮州话。另一些配偶，如拉基娜（第五对夫妻）和 Getty Chua（第六对夫妻）的丈夫塞利特（Serit anak Chaleng）对讲客家话和潮州话都觉得不自在，尽管他们都听得懂这些方言。对这些通婚家庭而言，在父母和孩子或孩子们之间的沟通之中，语言的转换和掺杂是相当普遍的事情。

我们在这里提呈了六个异族通婚的案例，其中五名丈夫是华人，五名妻子是伊班人，另外一个案例则恰好相反，华人女子嫁给伊班男子，这在偏远乡区是相当少见的。我们无法明白这种现象，估计是因为乡区华人对华人女子嫁给伊班男子还是相当保守的，因此这种情况不多见。

Getty Chua（第六对夫妻）的婚姻当初因为社会地位的悬殊而受到家人的反对。她来自一个华商家庭，她的父亲是一位德高望重的社区领袖，她的伊班家公是一名园丁。尽管当初家人极力反对，但如今她的家人也已经接受了她的丈夫塞利特，塞利特也融入了蔡家，在商店里帮忙。Getty 说，塞利特在接待伊班顾客方面非常管用。在城市里的情况则有所不同，华人女子嫁给土著男子的情况就比较常见，一般人也比较容易接受。笔者身边就有例子佐证这个论点。周丹尼的姑姑（阿姨）嫁给一个比达友人，他的侄女嫁给一个加央人。蓝谷有一位住在美里的兄弟娶了一个福州女子为妻。

政府的种族固打制和赋予土著的种种特权，如申请公务员、大学奖学金、商业执照或土地继承等，对通婚者都不利，因为他们必须依父系被界定为华人。不过，在土著条例中有条文允许华伊通婚的后代申办土著身份，如此他们就有权利继承土著习俗地。在受访的六个案例中并没有人有意转换身份来继承土著习俗地，或许这些受访者都不太在意种族和文化身份认同。

本文从一开始就提到延续过去是我们研究英吉利里和鲁勃安都华伊通婚现象的主要目的之一。从受访者下一代之间的通婚可以看到这种现象的延续。郑吉民和朱诺（第三对夫妻）有三个孩子，其中一个儿子和伊班人结婚，一个则娶了一位伦巴旺女子为妻。

李汉辉和塞拉依（第四对夫妻）有六个女儿，其中一名是吉隆坡的警官，嫁给了沙巴的卡达山人。刘亚万和乌韵的三个孩子当中，有两个也是异族通婚。一个儿子娶了伊班女子为妻，一个女儿嫁给了马兰诺人。陈亚军和乌劳（Ulau anak Unchul）的三个儿子都分别娶了伊班女子为妻。

至于语言的保留部分，这些受访者的孩子不但继承了父母的语言，如客家话、潮州话和伊班语，他们也从学校学习了更多语言，如华语、马来语和英语。

住在英吉利里和鲁勃安都的华人都会说流利的伊班语，但一些住在农场里的年长华人移民与他们的伊班邻居接触不多，因此对伊班语的了解和掌握极为有限。

受访者当中展示最多元语言的是李汉辉和塞拉依（第四对夫妻）。我们在访谈中见到他们的两个女儿才刚完成大学课程，她们说一口流利的英语、马来语、伊班语、华语、客家话和潮州话。另一个在吉隆坡读书的女儿还会说广东话。从我们和另一些未提呈的客家人与伊班人的访谈中，我们观察到华伊通婚中的孩子会讲客家话或潮州话，也会说伊班语，还有在学校里习得的华语和马来语。

在以下的访谈中，受访者以他们各自的表述方式谈及如何遇见他们的配偶和婚后的生活，我们称之为“他的故事”和“她的故事”。

第一对夫妻：刘亚万和乌韵阿纳孟刚

他的故事：刘亚万，70 岁出头

我在 1967 年左右认识了我的太太乌韵。当时我在她位于鲁勃安都的南甲桑塞曼祖（Nanga San Semanju）长屋割胶。我和胶园雇主一家住在一起。我记得我们是在 1968 年结婚的。从我们的先辈移居英吉利里和鲁勃安都开始，这里的华伊通婚就相当普遍，因此我和伊班女子结婚在这里也不是一件值得大惊小怪的事。我们双方家人都没反对这门婚事。

我在 1968 年 8 月间被警察逮捕，被关押在成邦江（如今的斯里阿曼）一个月，然后被转移到古晋扣留营，在那里又被关了八年。

我被关押的原因是他们怀疑我提供食物和其他日用品给地下共产党活动分子。起初我矢口否认涉及上述活动，但附近的人都在谈论此事，因此我最终还是被他们关押进监牢里。

我是沙捞越人民联合党党员，认识一些党领袖如王其辉和杨国斯，也认识基层领袖如黄纪作和范子香。这两个领导人常到英吉利里来，我知道他们是党内激进的左倾分子。

当年在沙捞越的生活艰苦，一些人联党领导将此归因于殖民统治。当有人提出组织马来西亚时，我所认识的大多数联党党员都极力反对。黄纪作和范子香也是反对者之一。我参加在英吉利里或成邦江举行的人联党会议，会议中也提出反对马来西亚联邦。这些年轻的人联党领导认为沙捞越独立对大家更好，因为这个地方有丰富的天然资源，一旦独立后，沙捞越人民的生活就不会那么苦了。

我不是人联党的活跃分子，但是黄纪作和他的朋友们提出那么好的建议，看到这么美好的沙捞越前景，在英吉利里和鲁勃安都有好些我认识的伊班人都支持他们的建议。

就像我先前提到的，我被关在古晋，当时我的太太怀孕了，和她分离是一件非常难过的事。我当时以为分离应该不会太久，只是几个月的事，但是我错了。直到八年后，我才回到太太身边，而我的第一个孩子都已经上小学了。

在扣留营，每一天他们都指派我们工作，自己种菜。傍晚时分，我们学踢足球，我们也打篮球和羽毛球。

扣留营的看守员不时也举办各种主题的讲座和讨论会，他们要求扣留营里的每个人都必须参加。一位前共产党员赖连秀受邀到扣留营讲演，他解释了沙捞越地下共产活动的无用，劝我们改变心态，全力支持政府，一起推动地方发展。我是个外向的人，习惯在工地和田地工作，加上那些讲演实在很闷，因此我很讨厌这些讲演，却无从豁免。

政府允许亲戚到扣留营探望我们。我被关在里面的那段时间，我太太来探望过我好几次。他们只让我们隔着玻璃窗相见，根本没有时间谈话。太太每次来探望总是伤心地哭着离开，我很期待看到她，却不忍心看到她哭。

1973 年 10 月，政府和地下共产活动签署和平协议，我于 1975 年获释。获释后，我和父亲一家人住在他的洛 681 和 381 号农舍里。那里距离英吉利里不远，我靠割胶和种菜维生，我和其他被扣留的人一样，必须接受 3 年的安全监控。

我回家的时候，那个从出生就没见过的长女已经读小学了，我把她和太太接来住在我父亲的农舍里。

和父亲同住了好些年后，我和我的家人搬到祖父的一块土地上（洛 394 和 352 号）生活，在勒玛纳河右岸，距离它和鲁巴河汇合处不远的地方。我们在那里住了几年，一直到大约 13 年后，因那个地区严重涨水才搬离。

祖父过世后，我和家人再次搬到洛 610 和 611 号去住，那个地方位处斯里阿曼和木中之间的主要公路旁；我住在洛 394 和 352 号的时候，我的祖父住在这两个洛，从那个时候开始，我们就一直住到现在。勒玛纳河岸的两个洛还是属于我们的，我们在那里种了各种果树，从我们住的地方走路去那里要一个小时左右。

就如我先前所说的，我从扣留营回来之后，继续做着我先前做的工作——割胶。我种胡椒也种水稻供本地市场消费。我们有足够的粮食和金钱过活。我不能说我们很有钱，我也不会说我们很穷，我只能说，我们的生活很舒适自在。

20世纪90年代中期，我受委为甲必丹，我不记得实际的年份了。这份委任并没有改变我的生活作息，除了邻近一些农户常时不时来找我商讨个人事宜或他们所面对的问题。

我从扣留营回来后，我们家里又先后添了两个孩子，现在我们有三个孩子，两个女儿和一个儿子。

当年被警察关押的不止我一个，我太太在生完第一个孩子后也被关押。他们关押她一个月后就把她放出来。从扣留营出来后，她受雇于沙捞越运输公司（Sarawak Transport Company，STC），在成邦江担任巴士售票员。她在做巴士售票员的那段期间学会了客家话、潮州话和福建话。我回来后知道她会讲这么流利的客家话，心里实在很高兴。我们刚结婚的时候，别人在讲客家话，她虽然听得懂，却不会讲。

我太太已经融入农舍、英吉利里的市集、鲁勃安都和斯里阿曼的华人社区生活。她积极参与各种华人庆典，包括我们在英吉利里市集的大规模庆典。她会准备各式各样的华人传统供品。

至于我，我对伊班习俗也相当熟悉，还亲身参与长屋里的各种仪式和庆典。我会说流利的伊班语，在英吉利里和鲁勃安都的伊班社群也很受欢迎。只要时间允许，我们就会到我太太位于南甲桑塞曼祖的长屋去看看那里的亲友。

我们的三个孩子都会说流利的伊班语，他们也常常和他们的表亲联系。我们的长女嫁给泗里街的广东人，我们的儿子娶了伊班女子为妻，我们的幺女嫁给了马都的一个马兰诺穆斯林。

尽管我们在扣留期间面对很多问题，但我们的婚姻还是维持得很好，我们和华伊社群的关系都非常密切。人们没有因为我们在20世纪60年代和70年代被关押在扣留营而瞧不起或羞辱我们。

在英吉利里有很多像我们这样的通婚案例，很多客家人都和伊班人结婚，而在我管辖的区域内（在该区甲必丹的管理范围），就差不多有10个或更多的通婚家庭，我可以带你去见他们，甚至访问他们。我们华伊就像一个大家庭，快乐地生活在一起。

她的故事：乌韵阿纳孟刚，60多岁

我是妈妈第一段婚姻里的第二个孩子。最大的是儿子，我还有两个妹妹。父亲去世后，妈妈再婚，又生了一个儿子，即我的继弟。

我是在我丈夫来我们长屋附近割胶的时候认识他的。他是一个华人，没有向我求爱（Ngayap），但是我们有写信给对方。由于我没读过书，便叫那些上过学的表亲和朋友教我识字、写字。刘亚万懂得伊班语的罗马拼音，我们就用这种方式保持联系。

过了一些时日，我也不知道多久，我们就决定结婚。我记得当时没有人反对。我不记得我们用什么样的婚礼仪式，那是很久以前的事了，但重点是我们结婚了。

在20世纪50年代和60年代，我们都知道在沙捞越一些地区有地下共产活动，英吉利里是其中一个地下活动组织相当健全的地方。

虽然我的丈夫是华人，但我们婚后，他就一直和我们住在长屋里。我知道另外三个华人，他们住在我们长屋附近的森林里。两个是男人，另一个是女的。其中一个男人是姓叶的本地华人，我不知道另外两人的名字。

我不知道这三个人在做什么，后来我发现有人游说我的丈夫为英吉利里地下活动的共产党分子提供粮食。作为他的太太，我也卷入这个活动当中。我们长屋里的另外两个妇女虽然没有嫁给华人，但也涉及其中。我也不知道她们是怎么卷入的。

警察到长屋来捉拿我的丈夫时，我怀着我们的第一个孩子。当时我很害怕，也很担心我们的婚姻该如何走下去。另外两个伊班妇女也被捕，被带到成邦江。

我生下长女后，警察就逮捕了我。我的孩子由妈妈和妹妹代为照顾。他们带我到爱丽丝堡去接受审问。我很清楚地记得负责审问我的警官：华人警官 Lawrence Lim 和来自实巴荷的伊班警官费德烈·仁伽（Frederick Rengga）。费德烈审问我的时候，我心里很害怕、很羞愧，不知道长屋里的亲友们会怎么看我和我所做的事情，这让我很不好受。两位警官都很有礼貌，但是态度却非常坚定，在这种情况下，我倍觉羞愧。我不知道自己当时是怎么想的，但如今回想起来，我并不讨厌或怨恨他们，他们当时也只是在履行职责而已。

我妹妹和妈妈带着我的女儿来看我，当我看到她们的时候，忍不住哭了起来，和女儿泪眼相对。还好我只是短期扣留，一个月左右就回去和女儿一起生活了。

获释几个月后，沙捞越运输公司请我在成邦江做巴士售票员。我和女儿搬到成邦江去了，在工作的时候，我母亲就帮我照顾女儿。我在成邦江做巴士售票员的时候学会了讲客家话、潮州话和福建话。虽然我觉得巴士售票员的生活非常单调，但我在沙捞越运输公司里也结交了很多朋友，还认识了很多乘客。一些同事知道我的背景和我过去的经历后，也没有嫌弃我，还说好话让我安心。

我丈夫获释后，我便辞掉工作，和他一起住在我家公位于英吉利里的农舍。对我来说，住在华人农舍里，没有什么问题。当时我能讲流利的客家话、潮州话和福建话，我对自己很有信心，再说，我的家公和家婆不仅会说流利的伊班语，他们对伊班人的生活方式也了如指掌。

我们刚搬到家公的农舍时，我帮家婆打扫屋子、洗衣、煮饭，忙完家务后，我就到农场里帮我的丈夫。渐渐地，虽然我负责做更多家务，但我年幼的女儿让我感到整个家充满活力。我的第二个孩子是个男孩，全家人都很高兴，特别是我的家公。然后，第三个孩子也跟着出生，是个女儿，孩子们的出生为我们带来很多欢乐。

我的家婆和邻居教我做各式各样的糕点，包括那些在宗教庆典和仪式上供奉的糕点。我也会在家里的神坛前祈愿，我的家婆教我该做些什么。由于我不是客家人，我很担心祈愿时所用的语言，但我的家婆说，用伊班语也是无妨的。她告诉我，我的丈夫是华人移民的第四代，所以他的祖父应该听得懂我在祈愿时所说的伊班语。

我丈夫受委为甲必丹后，我们必须出席主要的华人庆典。我对这些庆典的贡献就是做糕点。我只是略尽绵力，但这样做让我感觉自己也是他们的一分子。

我们参与华人庆典和活动，但我们也没有忘记我们的伊班家人。只要长屋里有庆典或社区活动，我们一定尽量参加，并贡献一些力量。我们会带着孩子们一起去参加，让他们有机会见一见他们的伊班亲人。

婚后的这些年，我们从来没有发生过大争吵，我想这是因为我们经历了20世纪60年代和70年代的那段风雨岁月，能活着就是一种福气，我们应该珍惜、知足。

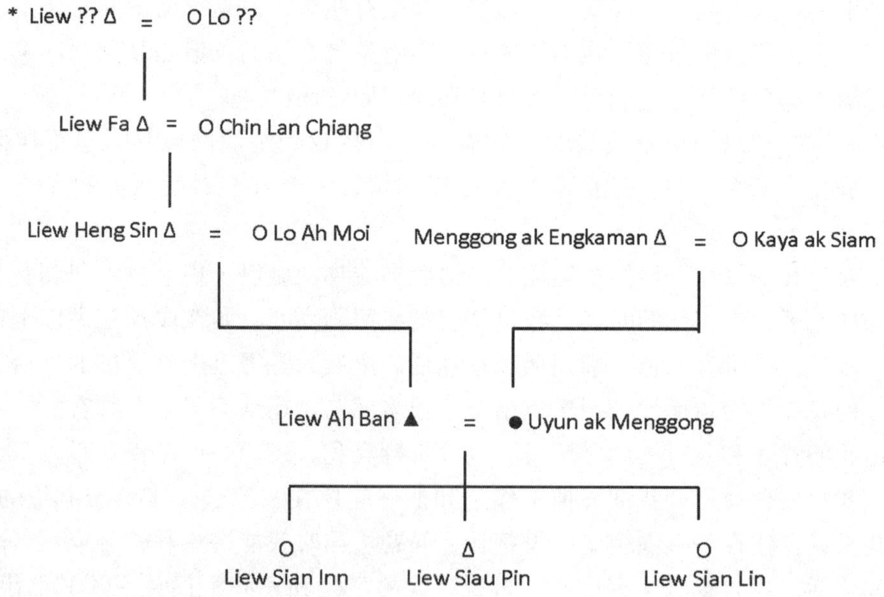

Note: * Liew ?? migrated from China

族谱 1　刘亚万和乌韵阿纳孟刚

第二对夫妻：陈亚军和乌劳阿纳乌珠

他的故事：陈亚军，55 岁左右

我是鲁勃安都潮州移民第四代，但我妈妈是伊班人。我的曾祖父从中国来到这里，而我的祖父在鲁勃安都出生，他在第三任拉者维纳布洛克统治期间担任过阿伦德尔堡的政府书记，他的老板就是基伯罗者哈利斯阿伦德尔，他从1939 年到 1942 年出任鲁勃安都省长。

我的祖父娶了蔡姓福建女子为妻，而我的父亲陈廷喜就是他们的孩子。

在我祖父的年代，一个华人能在布洛克政府办公室做书记是非常了不起的事，因为政府书记附属于省公署，我的祖父有很多机会接触伊班人，他会讲流利的伊班语。我很小的时候，我记得祖父常讲故事，告诉我们阿伦德尔是如何善待鲁勃安都的人，特别是伊班人。阿伦德尔的太太是伊班人。

我的父亲陈廷喜也娶了伊班人，英吉利里的伊豆阿纳玛瓦（Intot anak Mawar）。我的伊班妈妈就像很多与华人结婚的伊班人那样，讲得一口流利的华人方言——潮州话，但始终保留着她的伊班传统。

我和来自鲁勃安都的伊班女子乌劳阿纳乌珠结婚，我和她在同一所学校上课，自然就认识了她。鲁勃安都的华伊孩子一起生活、一起学习，大家的关系都很好。实际上，鲁勃安都的所有华人孩子都会讲伊班语，一些伊班孩子也会讲一些客家话或潮州话，他们通常都是在和华人孩子一起玩的时候学到这些方言的。

乌劳的客家话和潮州话都讲得很流利，因为她在鲁勃安都长大，她的原生家庭也是华伊通婚，她妈妈的第二任丈夫是姓范的华人，他们生了三个孩子，也就是乌劳同母异父的弟妹。

我喜欢乌劳，我也感觉到她也喜欢我。那个年代还没有手机，我们不能在同学面前讲悄悄话，所以就写情书给对方，这样就没有人知道我们的恋情。

我们离开学校后就结婚了，我的工作是巴士司机，我们在法院结婚，双方家人都不反对这桩婚事。

我的第一份工作是在沙捞越运输公司当巴士司机，那是当时沙捞越最大的巴士公司，我从 1973 年一直做到 1981 年。从 1981 年到 1984 年我转到东马快车公司做巴士司机，后来我又离开东马快车，到婆罗洲巴士公司工作，还是做巴士司机。

我和家人都是基督徒，也是鲁勃安都丰收浸信会的会友。我们会参加英吉利里重要的华人宗教节庆来显示凝聚力。我们也会到我妈妈的长屋去参加那里的伊班庆典。我和鲁勃安都的大多数华人一样，会讲流利的伊班语，对伊班习俗也非常了解，在我的成长岁月中，曾经在妈妈的长屋里住过一段时日。我会讲很多语言，除了潮州话、马来语、英语，我还会讲一些华人方言如客家话、福建话和广东话。

她的故事：乌劳阿纳乌珠，50多岁

我的父母都是伊班人，我妈妈乌珠和爸爸依萨阿紫在我很小的时候就离婚了。我妈妈以她自己的姓氏为我取名叫乌劳阿纳乌珠，而不是用我爸爸的姓氏。一般伊班人都是这么做的。离婚后，我妈妈嫁给一个姓范的华人，他们生了三个孩子，两男一女，他们都是我同母异父的弟妹。

因为我妈妈的再婚，所以我是在华人社群长大的，虽然我的伊班语说得很好，但我对长屋的记忆却非常模糊。

我在求学时认识了亚军，我们在同一所学校上课，我知道他爸爸是华人、妈妈是伊班人。我记得在学校，华伊孩子们都相处得非常融洽。基本上所有华人孩子都会讲流利的伊班语，一些伊班孩子也会讲一点客家话和潮州话。

当一个男孩和一个女孩认真看待他们之间的关系时，他们会非常慎重地对它。他们会通过信件来表达他们的感觉，而不是公开地说明。亚军和我也是一样，我们很慎重，写了很多情书给对方。

当亚军得到巴士司机这份工作时，我们就决定结婚，双方家人都不反对，我们是在法院结婚的。

我在华人社群长大，但我的家婆伊豆阿纳玛瓦则教我伊班人的生活方式。我们刚结婚的时候，经常去家婆位于英吉利里布亚的长屋，体验长屋的生活。这么做对我们孩子的成长也是很好的。我们现在还是这样，只要有时间，就会到家婆的长屋去参加庆典。

基本上我是一个全职的家庭主妇，我照顾整个家，包括我年老的家公家婆和我们的孩子。我们有三个儿子，他们现在都有了各自的家庭，也都走向社会工作了。他们三个都和伊班女子结婚。最小的女儿现在则是木中工艺学校的学生，她念的专业是银行和金融。

虽然我是伊班人，但我总觉得自己是鲁勃安都市集华人社群的一分子。同时因为我同母异父弟妹的孩子和我们常去家婆长屋，我和伊班社群有着非常紧密的联系。

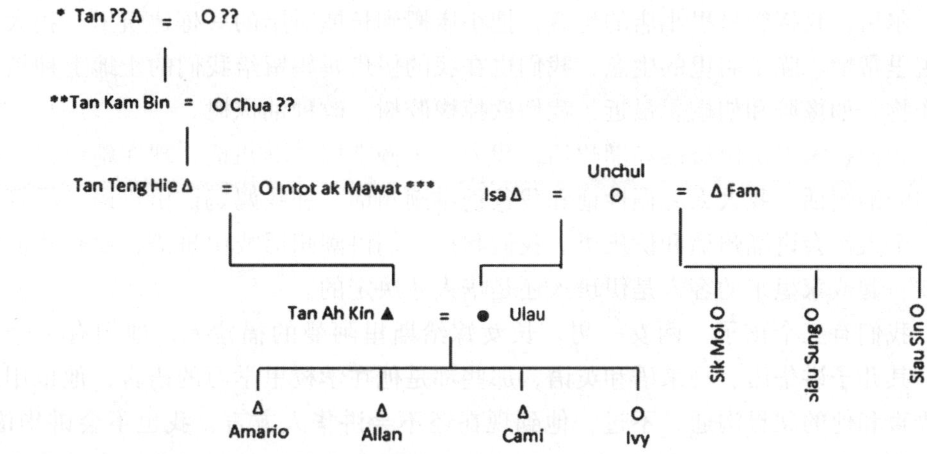

Note: * Tan ?? migrated from China
** Tan Kam Bin was clerk at Fort Arundell during Brooke Administration under D.O. Arundell
*** Intot ak Mawat was Iban from Bua, Engkelili

族谱 2　陈亚军和乌劳阿纳乌珠

第三对夫妻：郑吉民和朱诺阿纳本利瑙

他的故事：郑吉民，50 多岁

我是出生在英吉利里南甲克西特（Nanga Kesit）长屋的第二代华伊混血儿。我爸爸郑以爱（Tay Yee Ei）很小的时候跟着他的父母来到沙捞越。他在英吉利里长大，后来成为一名船贩，在勒玛纳河一带做生意。“二战”时期，我爸爸因为涉及铁条买卖而被日本人关起来，后来发现他并没有犯法，就把他放了出来。

我爸爸在勒玛纳河做生意的时候，和南甲克西特长屋里的一个女子很要好，她的名字叫塞比阿纳阿丁（Sebi anak Ating）。他娶了那个女子，继续在长屋做生意，当然，他是在得到长屋族人的同意后才这么做的。他们在“二战”过后才结婚。

我们这些孩子都是在南甲克西特长屋里出生，在长屋长大的，和伊班小孩子一起玩。尽管我们在长屋里长大，并和伊班孩子一起玩，但我们还是会讲潮州话和其他华人方言如客家话和福建话。平日在家里，我们都讲潮州话和伊班语，等我们到鲁勃安都、英吉利里和成邦江的时候就会讲客家话和福建话。

我和一个伊班女子结婚，她叫朱诺阿纳本利瑙，来自距离南甲克西特不远的鲁勃苏文（Lubok Subong）。她的父亲是长屋的屋长和说唱者。我们在南甲克西特念同一所学校，自然就结识成为朋友。求学期间，我们之间没有什么特别的关系，我们和其他人一样，只是普通的学生。

过后，我在村里的小店帮助父母，毕业几年后，我才向朱诺求婚。没有人反对我们的婚事。我们的婚礼在长屋里举行，用的是华伊混合的结婚仪式。

尔后，我接管村里小店的生意，把小店搬到长屋对岸的一栋建筑里。我太太在店里帮忙。除了店里的生意，我们也在我的伊班妈妈留给我们的土地上种植经济作物，如橡胶和胡椒。最近，我们砍掉橡胶树，改种油棕树。

我们在家里讲伊班语和潮州话，我太太慢慢掌握了潮州话，现在她说得一口流利的潮州话。我太太习惯性地和我爸爸讲潮州话，和我妈妈讲伊班语，尽管他们三个人都会讲潮州话和伊班语。我们和孩子们讲潮州话或伊班语，要看我们和谁在一起或家里来的客人是伊班人还是华人才决定的。

我们有三个孩子，两女一男。长女嫁给斯里阿曼的福建人，他们有一个儿子，其儿子讲华语、马来语和英语，那些都是他在学校里学习的语言，他也用那些语言和他的父母沟通，不过，他到现在还不会讲华人方言，我也不会讲华语，所以我们必须用马来语沟通。我们最小的孩子是个男孩，他娶了伦巴旺的女子为妻，她和我们讲伊班语，现在也开始学习潮州话。儿子和媳妇与我们同住，帮助我们做生意。我的媳妇最近才生了一个儿子。

我们决定在征得儿子和媳妇的同意后，在家里与我们的孙子讲潮州话和伊班语。教小孩子讲伦巴旺语或许太难了，不过我们让他的父母决定，特别是他的妈妈。

我妈妈婚前依循的是伊班人的信仰，婚后，她跟着我父亲敬拜祖先。我们这些孩子从小就拜祖先。我和太太结婚前，她依循的是伊班人的信仰，她爸爸是说唱者，但是婚后，她也跟着我们拜祖先。

我们的孩子在中学朋友的引导下皈依基督教，现在他们是斯里阿曼和英吉利里卫理公会的会友。我太太和妈妈最近也改信基督教。我全家人都改信基督教，我想我迟早也会改信基督教的，但我现在还保留祖先牌位和神坛，每逢农历初一、十五，我都会烧香拜观音和大伯公。虽然我太太是基督徒，但她没有反对我这么做。

我们家还有另外一件挺有意思的事，我的父母还有另一个儿子郑宝民，也娶了伊班女子为妻，她叫桑文阿纳嘉邦（Sambon anak Jampang），是南甲克西特屋长的女儿。老屋长去世后，他们建议让我的兄弟继承，他婉拒后，他太太就成了南甲克西特的现任新屋长。

她的故事：朱诺阿纳本利瑙，50 多岁

我是一名伊班妇女，来自鲁勃苏文，那里距离南甲克西特不太远。我的父亲是一名通灵说唱者，也是我们长屋的屋长。这个屋长的职位现在由我最小的弟弟恩巴乌（Empauk anak Brinau）继承，我嫁给一个潮州籍华人为妻。

我在南甲克西特上小学的时候就认识了我现在的丈夫吉民。我们相识很久，但我们之间也没有什么值得提起的趣事。我们结婚后生了三个可爱的孩子。

在鲁勃安都和英吉利里，华伊通婚是很普遍的事。我们的婚姻和其他人没什么两样。华伊两个社群之间的互动和交流非常频繁，也相当友好。由于伊班人是鲁勃安都和英吉利里最大的族群，住在这里的所有华人都会讲流利的伊班语。我的丈夫当然也说得一口流利的伊班语，因为他是生长于伊班环境之中的孩子。而由于鲁勃安都和英吉利里地区华伊互动的频繁，一些伊班人也会说流利的客家话和潮州话。

我嫁给我的丈夫之前已经懂得好些潮州话。嫁给他之后，由于每天在家里都听到潮州话，我的潮州话就逐渐讲得更流利了。

由于我父亲是一名通灵说唱者，我的家人遵照伊班传统方式生活。嫁给我丈夫后，我放弃了伊班传统的宗教信仰，跟着我丈夫拜祖先。我虽然改变信仰，但我和父母兄弟姐妹以及整座长屋的关系并没有因此而改变。

最近，我跟着先前改信基督教的孩子们皈依了基督教。我皈依后不久，我的家婆也皈依了基督教。我丈夫还在拜祖先，他说他会考虑皈依基督教。

虽然我的家人大多数都皈依基督教，但是全家人的感情还是非常紧密，我们的生活和先前没什么不一样，我们一家人一起去英吉利里参加华人的重大庆典，也到我位于鲁勃苏文或我家婆和丈夫位于鲁勃克西的长屋去参加伊班庆典。

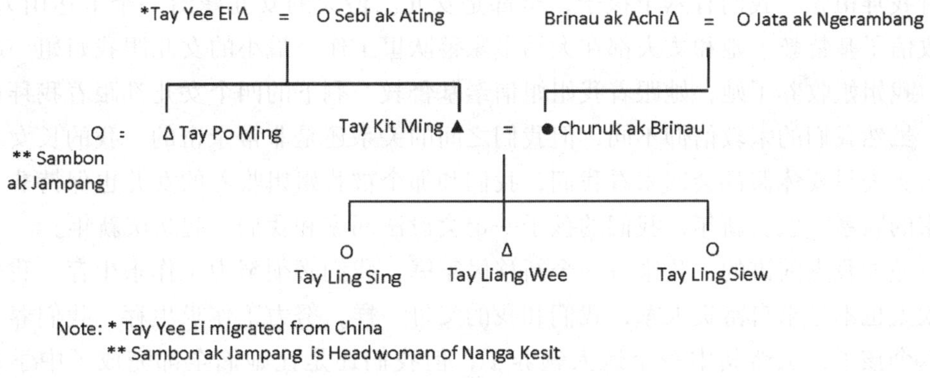

族谱 3　郑吉民和朱诺阿纳本利瑙

第四对夫妻：李汉辉和塞拉依阿纳沙目拜

他的故事：李汉辉，61 岁

我是英吉利里华人移民第二代。我的父亲来自中国，我在英吉利里出生。我们一家有 9 个孩子，5 男 4 女。我们住在我父亲自己的农场，距离英吉利里市集不远的地方。长大后，我的兄弟姐妹都散居在不同的地方，只有我还住在父亲的农场里。我读了几年华校，会读写中文。我和来自鲁勃安都明冬的伊班妇女塞拉依结婚。

我在为峇丹艾垦殖区计划兴建长屋的时候，认识了我的太太。我是个沉默寡言的男人，认识了她就决定娶她为妻。我向她求婚，她答应了，她的家人也不反对。

垦殖区计划完成后，她跟着我到了英吉利里。

首先，我是个农人，但是我从父亲那里继承的一部分土地几乎每年都涨水，这限制了我可以栽种的稻谷种类以及橡胶树和果树，没有涨水的就用来种菜。

我是个自学的木匠，很多人和公司都找我去建房子，这是我们家庭最主要的经济收入。我太太是个勤力持家的女人，在我建房子的时候，她接管了所有农务。

闲暇时分，虽然我们并不时常有这样的闲情，但我们会到我太太的长屋去探望她的家人、亲人和朋友。在那里，我也有很多朋友。

我会一些华人方言和流利的伊班语，我也讲市集的马来话。我太太的客家话非常流利，我们的孩子全都在华小接受教育，中学后就专精英语和马来语。他们全都会讲流利的伊班语。在家里，我们讲客家话，偶尔有伊班亲人和朋友来探望我们的时候，我们也讲伊班话。

我遵照传统华人宗教信仰，祭拜祖先。我太太是卫理公会的教徒，婚后，她跟着我拜祖先。我们有六个孩子，全都是女儿。最大的女儿嫁给一个卡达山人，她改信了基督教。她和丈夫都在大马皇家警队里工作。最小的女儿跟我姐姐一起住，我姐姐收养了她，她跟着我姐姐信奉基督教。剩下的四个女儿都跟着我拜祖先。虽然我们的宗教信仰不同，但我们之间的关系还是非常亲密的。我的长女和她的丈夫只要休假都会回来看我们，我们和那个被我姐姐收养的女儿也保持非常紧密的联系。农历新年，我们的孩子一定会设法回家和我们一起欢庆新年。

诚如我先前讲的，我来自一个新移民家庭，我们必须努力工作求生存。我娶的太太也不是来自富贵人家，我们和我的父母一样，努力工作求生存。我们养大了六个孩子，虽然其中一个送人领养了，但我们还是让她们全都完成了中学教育，还有两个完成了大专教育。

我们结婚这么多年，真的是没有时间去争议或争吵。我们一直担忧，一直努力工作来维持全家人的生活，让孩子们接受教育。现在她们全都开始工作了，只有最小的女儿还在上学，她和我姐姐一起住，回首来时路，我们心满意足了。

她的故事：塞拉依阿纳沙目拜，50 来岁

我是来自峇丹艾明冬的一个伊班妇女，我的长屋是受到峇丹艾水坝工程影响的长屋之一。我先前的长屋已经搬迁到峇丹艾垦殖区去了。

我的原生家庭很大，我有 9 个兄弟姐妹，5 个姐妹，4 个兄弟。我的其中一位姐姐嫁给了福州人，他们住在诗巫。我嫁给李汉辉，一个来自英吉利里的客家人。我是在他到峇丹艾垦殖区建房子的时候认识他的，他向我求婚的时候，我接受了。我的父母没有反对，而且很喜欢他。他讲得一口流利的伊班语，他说他来自英吉利里，我们长屋里的人都当他是自己人，我们都认为他对伊班人的生活方式相当熟悉。婚后，我们多次回到我的长屋探望家人和亲友，我们发现他在那里也有很多朋友，相当自在。我们只是在长屋里举行了简单的结婚仪式，在他父母位于英吉利里的家中也办了一场简单的小派对。

峇丹艾垦殖区计划完成后，我跟着我的丈夫回到了英吉利里。虽然我完全不会讲客家话，但是和他们住在一起完全没有问题。由于在家里每个人都讲客家话，我慢慢学会了客家话。生了孩子后，学习客家话就更方便了。

在英吉利里市集的华人都能接受我，特别是我的邻居。他们知道我虽是伊班人，但会讲流利的客家话。有时他们会用伊班话和我打招呼或聊天，而不是讲客家话。他们和我讲伊班话让我很开心，也让我感觉很安心，让我在这里的生活更添姿彩。我不仅和丈夫讲伊班话和客家话，我和孩子们也讲伊班话和客家话。我是伊班人，但也是华人，因为我嫁给了一个客家籍华人。

由于我们屋前的这片土地常常涨水，我们什么也不能种。如今我们的孩子都已长大成人，也走上社会工作了，我有更多空闲时间回到我在鲁勃安都附近的长屋去种菜。我的丈夫也陪我去。我们是一对很幸福的夫妻，我的丈夫是个好人，我们之间没有争吵。

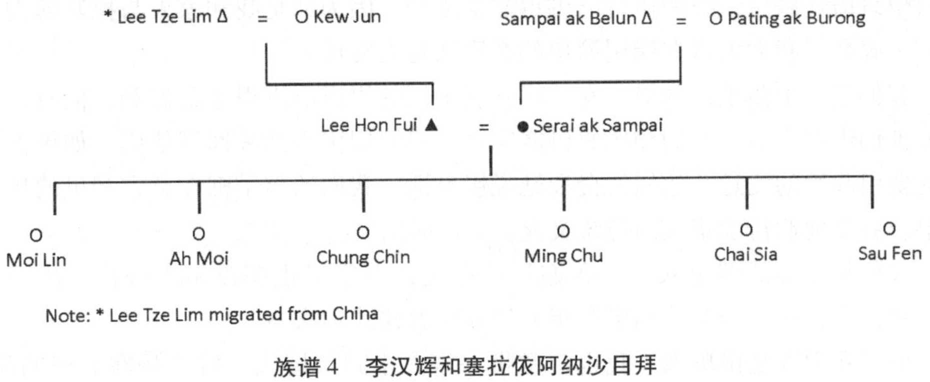

族谱 4　李汉辉和塞拉依阿纳沙目拜

第五对夫妻：蔡国华和拉基娜阿纳江丹

他的故事：蔡国华，将近 50 岁

我是第三代英吉利里的华人移民，我在这里出生、成长。我的祖父蔡巴则从中国来到这里，在英吉利里成家立业。我的父亲蔡子理和我的母亲陈亚文结婚。

我的外公是华人，外婆是伊班人，我是全职农夫，我种橡胶和胡椒，也种水稻供应本地市场。

我在英吉利里的中华小学读书，我会读写华文。完成学业后，我和父母一起住，帮他们务农，等到他们年老后，我就全权接掌农地。

英吉利里市集外的农户社区并没有什么社交活动，我常到市集去促销产品，或者和朋友们一起喝咖啡，然后再赶回农地。这样的生活，要找一个女孩结婚是很难的。

我的父母担心我一辈子打光棍，朋友也常常笑我，他们一直问我什么时候成家，我努力不让他们看出我的焦虑，但是我心里是非常焦虑的。

有一天，一位婶婶告诉我，她认识一个住在色格朗恩沙旺（Ensawang）的好女孩。她建议我到那里去找她。当然，我的亲戚们都为此取笑我，让我觉得很难为情。他们越笑我，我就越难为情。

后来我真的去找那个住在恩沙旺的女孩子了。我跟到那里去探亲的朋友们一起去的，可以确定的是，她不只是像婶婶讲得那样好，而且非常漂亮。我后来又去了恩沙旺几趟，我和她聊天，进一步了解她。她的态度友善，我喜欢她的样子。我向她求婚，她接受了，她的父母也赞成我们结婚。

我们在长屋里举行了一场简单的传统伊班婚礼。第二天，我们在农场办了小型的派对，邀请邻居来参加。亲友们一直取笑我，我非常难为情。现在他们还是偶尔会取笑我，而我总是这般难为情。

婚前，我只会说简单的伊班日常用语，在追求拉基娜的时候，我非常努力地学习伊班语。婚后，我的伊班语讲得非常流利，因为那是我和家人与拉基娜沟通的唯一媒介。我太太现在能用简单的客家话与人交谈。

我们有三个孩子，两男一女。尽管孩子们的伊班语讲得非常流利，但我们还是和他们讲客家话。他们和妈妈讲客家话，妈妈用伊班话来回答他们。如果他们真的要引起她的注意，他们就会和她说伊班话。我们的孩子都在英吉利里的华小读书，我要他们传承华人的传统文化。

我们是传统的客家农户，我们祭拜祖先，在家里也摆设祖先牌位，烧香祭拜。我们也积极参与英吉利里市集的华人宗教仪式和庆典。

由于我太太是伊班人，我也常常带一家大小到长屋去，特别是在节庆期间。我们带孩子们到长屋去探望亲友，他们和长屋里的孩子一起玩乐是没有问题的，因为他们的伊班语讲得很流利。

我们只是普通的家庭，我很纳闷为什么你们对我们的生活这么感兴趣，一个华人和一个伊班人结婚而已啊！（大笑）

她的故事：拉基娜阿纳江丹，39 岁

我是来自恩沙旺的伊班妇女，嫁给蔡国华，一个客家籍华人，我们有三个孩子，两男一女。

我还记得国华第一次到访恩沙旺的情况。他和其他到访者没有两样，我以为他也只是和别人一样来走走看看。后来他一来再来，我就开始怀疑他对我有意思。当时，我想如果他向我求婚，我心里其实已经有了答案。他常到长屋里来，他的伊班语有进步了，我的家人也很喜欢他。他很有礼貌。当他向我求婚时，我接受了他的求婚，我的父母也赞成我们结婚。

我们在长屋里办了婚礼后，我就跟着他和他的父母一起住在农场里。当时我还不会讲客家话，但是他的家人全都会讲伊班话，我和他们沟通是没有问题的。我的客家话还是不太流利，只能做简单的对话。比较严肃的事，他们就和我讲伊班话。我们的孩子都会讲客家话和伊班话。他们的伊班话是在学校里和伊班同学玩乐时熟练起来的。他们和我说客家话，我用伊班话来回答他们。

我学语言学得慢，还在努力学习客家话。我去英吉利里市集的时候，那里的人都跟我讲客家话和潮州话，我只能用伊班话来和他们交谈。一些人因此感到非常惊讶，因为他们以为我是华人。当别人问我是什么人的时候，我要看当时的心情来回答他们的问题，我也许会说自己是伊班人或华伊混血。在我的长屋里，人们都说我的丈夫在行为和态度上都比较像伊班人。

我是个全职的家庭主妇，我照料一家大小，家里的事情，洗衣、煮饭、打扫都由我来做。我也到农地里帮助丈夫耕作，尤其是种稻。

我是一个基督徒（英国国教），英吉利里市集外的这个社区没有教堂，我也没去过英吉利里的教会。我慢慢地接受了丈夫家人的祖先崇拜。我不可以说我离开了教会，因为我的丈夫带我们回去长屋的时候，我们会参加长屋里的教会崇拜。我的丈夫和他的家人对宗教信仰非常随意，我也一样。至于我们的孩子，我们会允许他们自己选择自己的宗教信仰。

虽然我的客家话说得不好，但是我们社区和英吉利里市集的客家社区和潮州社区的人都很喜欢我。我们是伊班人还是华人其实都不是问题。我的丈夫和家公家婆非常尊重我对自己生活方式的选择。我在这里感到非常自在。而且，我们还有三个可爱的孩子需要照顾呢！

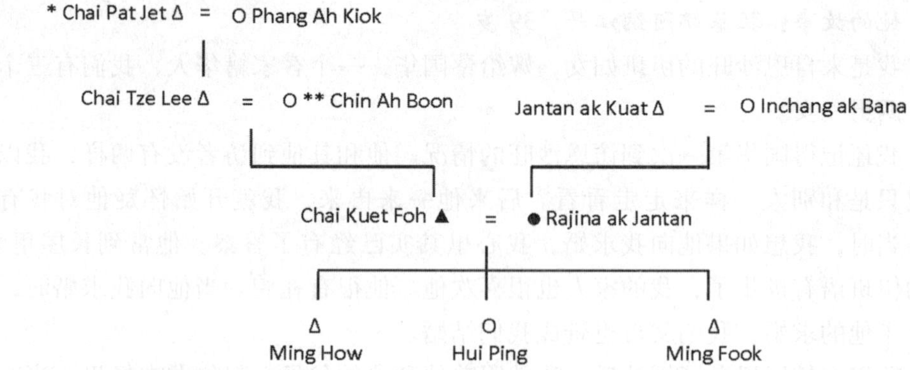

Note: * Chai Pat Jet migrated from China
**Chin Ah Boon is of Chinese-Iban parentage.

族谱 5　蔡国华和拉基娜阿纳江丹

第六对夫妻：Getty Chua 和塞利特阿纳查冷

她的故事：Getty Chua，34 岁

我是鲁勃安都县华人邦曼查[①]，是鲁勃安都第四代华人移民。我的曾祖父蔡江文（Chua Kam Boon）从中国移居到此，在这里开枝散叶。我的祖父蔡锭佑（Chua Teng Yew）和我的父亲蔡其隆都生于鲁勃安都。

除了潮州话，我还会说流利的客家话和华语。我也会说伊班语、马来语和英语。马来语和英语是我在学校里习得的。我在 1999 年嫁给南甲恩麻阿罗长屋的塞利特阿纳查冷，我们有一个儿子。

我是在学校里认识塞利特的。我们在鲁勃安都就读于同一所学校，从一年级到初中三年级。当时我们虽然读同一所学校，但我并没有特别注意他，我们只是朋友。我到古晋圣玛丽中学继续我的中四和中五课程。我们在古晋有一间房子，我的父母叫我去古晋读书，并住在那所房子里。塞利特在鲁勃安都继续他的中四和中五课程。在古晋的那段时间里，我分外想念在鲁勃安都的同学，我想起了塞利特。

塞利特留给我最深刻的印象，是一个友善、常常帮助别人而又谦恭的人。我从来没有听到他为了博取注意力而夸口或强出头。

我在古晋完成学业后回到鲁勃安都，帮助父母经营生意。我继续和塞利特做

---

① 邦曼查是政府委任的社区领袖。沙捞越社区领袖的等级制度如下：天猛公、邦曼查、本固鲁和头领，伊班人称为屋长，华人则称为甲必丹，马来人称为村长。他们主要负责社区里的大小事务和一部分司法裁决。天猛公、邦曼查和本固鲁的委任只限于非穆斯林社区，但是近年来，这些职位的委任也扩大到马来人和华人社区。

朋友。当我们开始认真地看待对方时，我们常常打电话、写情书给对方。

我们决定结婚，刚开始时，我的父母非常反对，后来他们答应了，并祝福我们。塞利特的父母并不反对这门亲事。

婚后，我的丈夫和我一起住在我父母家中，一起经营店里的生意。后来父亲忙于处理社区事务，塞利特对我们一家人来说就更重要了。父亲是邦曼查，有时他需要出席一些政府部门和鲁勃安都及英吉利里华社相关的活动和会议。我的丈夫为我父亲处理事务，并逐步参与了我们店里的生意，特别是当店里有伊班顾客的时候。

我丈夫的家人住在市集对岸，闲暇时，我们也到那里去探望他们。特别是当我家公抽空回去村里打扫房间、巡视橡胶园和果园的时候。在举行庆典时，我们也会回到长屋去。我的父母也去过长屋探望他们。

我们是一个年轻的家庭，住在父母家中，帮他们经营生意。我想我的父母慢慢就会感念我们的帮忙，特别是我的丈夫。对未来，我满怀希望。

他的故事：塞利特阿纳查冷，35 岁

我是来自勒玛纳南甲恩麻阿罗长屋的伊班人。我的家人住在鲁勃安都市集对岸。我们一家人之所以住到这里，是因为我父亲乃修剪草皮的人员，负责修剪鲁勃安都镇的草皮。我和鲁勃安都华人邦曼查的女儿 Getty Chua 结婚。

我和 Getty 在鲁勃安都就读于同一所学校，从一年级到初中三年级。我很早以前就知道她来自富有人家，在学校里，我们是好朋友，但是那个时候，我从来没想过我们会成为夫妻，因为我们的社会地位过于悬殊。后来她到古晋继续她的学业，我还以为她会嫁给那里的富有人家。

在古晋完成学业后，她回到鲁勃安都，我也在同一年于鲁勃安都完成了我的学业。她找我出去，我们继续做朋友。久而久之，我们成为情侣，但是当时我对我们之间的未来并不乐观，我非常清楚 Getty 家人在鲁勃安都的社会地位。我父母知道我和 Getty 的关系，我父亲非常担心她的家人会反对我们结婚，因为我们是穷人家，而 Getty 的父亲是邦曼查，还是一个“头家”（老板）。

我犹豫不决，不敢向她求婚，也记不起求婚这件事了。后来我们决定要结婚。刚开始，Getty 的父母反对，但后来他们同意了，也祝福我们。我的父母并不反对，他们同样也祝福我们。

婚后，我搬过去和 Getty 一起住在她父母的家中，成为他们家中的一分子。我尽力帮助他们做生意，我太太也会告诉我每天要做些什么。

我现在学习潮州话，我听得懂他们的潮州话、福建话和客家话，但还不能以任何一种华人方言和别人沟通。如果有人用潮州话、客家话或福建话与我交谈，我会用伊班话回答他们。我们现在有一个儿子，家人都和他说潮州话。我和他也讲潮州话，我相信我的潮州话会进步得更快。住在市集里有一个好处，就是这里的人大都讲潮州话和客家话。

我是浸信会教徒，我的父母是 SIB（婆罗洲福音教会，Sidang Injil Borneo）的教徒。几年前，我太太的家人改信基督教，他们和我家人去同一间教会。这是好事，因为现在我们之间有一个共同点，我们去同一间教会。

在英吉利里华伊通婚的案例中，通常是华男和伊女，伊班男人和华人女子结婚是很少有的。除非这个伊班男人接受过很好的教育，有一份高收入的工作。

我自己没有受过高深的教育，只有中五的学历，我并没有一份有固定收入的工作。到目前为止，我只能说我很幸运。我有太太和孩子，我也有工作要做，我帮助我太太的家人做生意，我尽力帮助我太太的家人。我这么做不是因为我需要他们认同我，接受我成为家中的一分子，因为我觉得他们已经接受我了。我这么做是因为我觉得那是我应该做的。对陪着我一路走来的太太，我觉得亏欠她太多了。我很高兴太太的家人接受我成为他们家的一分子。

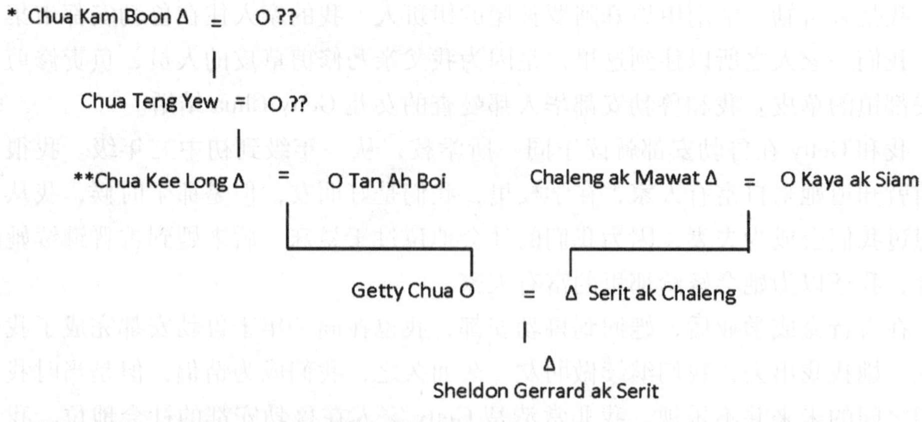

Note: * Chua Kam Boon migrated from China
** Chua Kee Long is a Chinese Pemanca of Lubok Antu

族谱 6　Getty Chua 和塞利特阿纳查冷

三、结语

身为研究人员的我们对异族通婚的故事深感兴趣，但对受访者来说，异族通婚看起来是那么的顺理成章，对他们来说，华人和伊班人比邻而居，他们相识、结婚，也接受了对方的宗教信仰、语言和身份认同。

他们可以用不同语言随意交谈，也可以自在地接受或改信不同的宗教信仰。

对个人的身份认同，伊班配偶通常都以她们华人丈夫的族群身份自居，他们也会自称拥有华人和伊班人血统。华人丈夫则按华人固有的父系制度，以华人自居。这些受访者的访谈记录反映出受访者对本身身份认同和过去生活的看法。这些个人经历都和过去的历史有一定的关联，也常常让人进一步洞察乡区华人与伊班人的经济交易情况。我们也注意到，非华商的华人和伊班人的交流比华商更多。本文也反映了政治氛围的改变，其中一对夫妻的访谈道出了丈夫虽遭监禁，但夫妻仍长相厮守的动人故事。

这些在地个人访谈连接了受访者和英吉利里与鲁勃安都乡区的历史进程及大时代的变化。虽然我们所呈现的口述历史只是很小的一个部分，但是这些资料却能引导我们进一步了解沙捞越境内华伊通婚的情况。

杆秤与巴冷的锒铛回响

——浅谈沙捞越华人与达雅人的族群关系进程

林青青

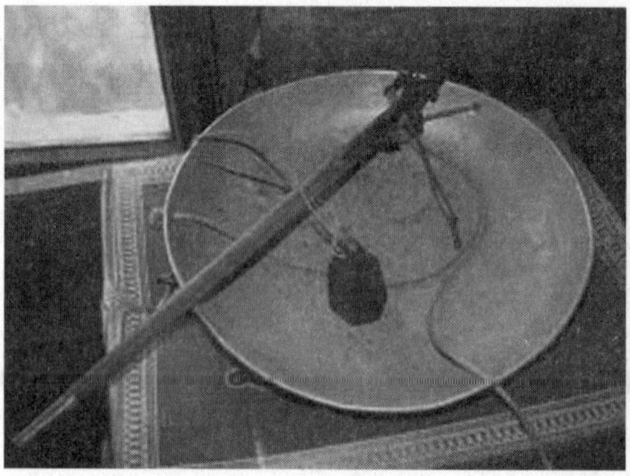

图1 杆秤

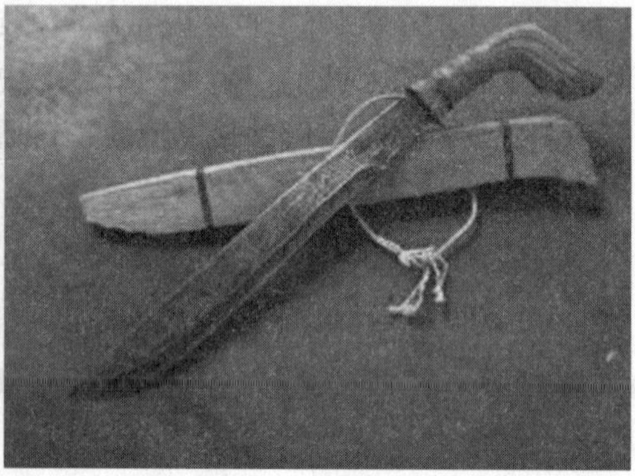

图2 巴冷刀

一、前言

中国人早在公元前2世纪就已经到婆罗洲各地与当地土著以物物交换的方式进行商业交易。然而，19世纪末20世纪初的“移民热潮”① 从根本上改变了沙捞越的社会面貌和族群关系。

华人，这个沙捞越近代社会中“异军突起”的族群成为布洛克政府巩固政权、开疆拓土的“主力军”。以经济利益为着眼点的布洛克政府积极鼓励华人开垦土地，推动沙捞越的经济发展，以期财库丰裕②。只是，在达雅人眼中，华人在沙捞越的垦殖活动却是侵占土地、剥夺既得利益的行为。因此，早期沙捞越各族群间冲突不断，甚至械斗事件时有耳闻。

在布洛克政府的“分化”“隔离”“监控”等政策下，除了商业交易之外，华人与达雅人之间的双向接触并不多，尤其在城镇地区更是壁垒分明，井水不犯河水。

---

① 吴文华、孙晋华：《试论东南亚华族》，见吴泽编：《华侨史研究集（一）》，上海：华东师范大学出版社，1984年，第91页。

② BROOKE C. Ten years in Sarawak. Singapore：Oxford University Press，1990：pp. 85－86.

早期大多数华人移民都志在“淘金”，终其一生所期待的就是“衣锦还乡，光宗耀祖”的风光。移民们哀伤悠远的“还乡曲”却随着1955年的万隆会议戛然而止。

截然不同的身份和定位改变了世界各地华侨的思维和生活方式，在思索如何将他乡变故乡之际，他们也开始反思与其他族群的关系及相处之道，其所在地的政治与族群生态也从此改变。

割舍原乡的锥心之痛在迫人的现实生活中发酵为一股强韧的动力，使得沙捞越华人更积极地通过各种渠道与其他族群斡旋、共处，务求在这一片江河泽林之地落地生根、绵延子孙。

沙捞越的族群关系也从最初的恐惧、避忌、对立转为后来的相互依存，进而兼容并蓄、异中求存，到如今，沉淀为一坛清香佳酿，这期间所掺杂的是超过一个世纪的政治、经济、宗教、文化和教育进程。

二、沙捞越与沙捞越族群简介

沙捞越（Sarawak）位于婆罗洲（Borneo，旧称渤泥，为世界第三大岛屿）之上。沙捞越的地形可分为沿海沼泽地带、中部丘陵地带和内陆山区，沼泽林约占沙捞越面积的五分之一。

地处赤道的沙捞越在气候上非常湿热，终年高温多雨，属于典型的赤道型气候。每年3月到10月为旱季，11月至次年2月则为雨季。丰沛的雨水和特殊的地形构成交错密布的河流。河流自古以来是沙捞越人的命脉，沙捞越境内河流之多，甚至让一些外国学者称之为“江河之邦”（A Land of Rivers）。[①]

海洋开启了沙捞越的对外关系，江河则带动了沙捞越的历史进程，孕育出一种璀璨多元又平和的族群文化。根据2010年马来西亚人口普查结果，沙捞越境内总人口为2 399 839人[②]，共有27个不同的族群[③]。达雅人是最大族群，其中伊班人最多，占总人口的29%。

“达雅人”这个名词常常出现在沙捞越各种文献资料和官方档案中。若按达雅人的解释，“达雅”一词指的是“人”[④]。

---

① MORRISON A. Fair land sarawak - some recollections of an expatriate official. New York: Cornell University, 1993: p. 1.

② http://en. wikipedia. org/wiki/Sarawak.

③ 林青青：《砂拉越伊班族的民俗、说唱艺术及其华族文化色彩》，诗巫：砂拉越华族文化协会，2005年，第1页。另一些人则认为若将族群再依分布地点和语音来细分，沙捞越境内有超过40个不同族群，参见 http://en. wikipedia. org/wiki/Sarawak。

④ BOTH H L. The native of Sarawak and British north Borneo. London: Truslove and Hanson, 1896: pp. 1-34.

为了方便统治、监管，白人拉者——布洛克王朝（Brookes Monarchy）的拉惹（Rajah，一些人将其译为“拉者”，国王或统治者的意思）将达雅人进一步分化为海达雅和陆达雅。①

“达雅”（Dyak，Dajak，Dya，Daya）这个名称据说是源自荷属加里曼丹②。白人拉者将沙捞越境内较为温顺的部族归类为陆达雅，并利用他们来对付民风彪悍、桀骜难驯的海达雅。③

一般人，包括政治人物和学者都惯以“土著”或“原住民”来统称并界定达雅人的族群地位。实际上，不少达雅人自认本身的先祖是外来人，就拿泗里末伊班人来说，其中一些口传历史甚至自称先祖来自印尼和中东地区。④ 因此，套用“原住民”或“土著”来统称达雅人实属不宜。为了尊重达雅人的口传历史，本文将改以“达雅人”一词来统称沙捞越境内的“土著族群”。

值得一提的是，沙捞越华人惯以“拉子”来称呼达雅人，虽然至今“拉子”的意义和起源无从查起，一些人认为这个名词带有贬义，但另一些人则认为那是对达雅人的惯称，这个名词也常见于沙捞越华人作家的作品之中，旅台作家李永平的《拉子妇》就是其一。⑤

三、沙捞越历史中的华人

根据中国古籍和东南亚历史记载，早在公元前2世纪（汉朝）就有中国人南下婆罗洲经商⑥。他们利用帆船运载玉石、铁器、大瓮、青铜器及黄铜器皿到婆罗洲来与当地人交换各种土产、香料、树脂、兽皮、兽牙、兽角和上乘木料。⑦

早期中国与婆罗洲之间的商业活动非常频繁，中国古籍中常见“渤泥国”的记载。中国著名史学家罗香林就根据南宋赵汝适的《诸蕃志》推测当年中国

---

① 林青青：《砂拉越伊班族的民俗、说唱艺术及其华族文化色彩》，诗巫：砂拉越华族文化协会，2005年，第20页。

② CHEW D. Chinese pioneers on the Sarawak frontier 1841 - 1941. Singapore：Oxford University Press，1990：p. 11.

③ 本尼迪善丁著，林青青译：《白人拉惹统治前的婆罗洲海达雅克人》，诗巫：砂拉越华族文化协会，2010年，第25页。

④ 本尼迪善丁著，林青青译：《白人拉惹统治前的婆罗洲海达雅克人》，诗巫：砂拉越华族文化协会，2010年，第2、3页。

⑤ 参见林开忠：《“异族”的再现？从李永平的〈婆罗洲之子〉与〈拉子妇〉谈起》，http：//www. hornbill. cdc. net. my/collection/Borneo/liyongping/liyongpinP. htm。

⑥ 罗香林：《西婆罗洲罗芳伯等所建共和国考》，香港：中国学社，1961年，第9页。又见 PAYNE R. The White Rajah of Sarawak. Singapore：Oxford University Press，1986：p. 34.

⑦ PAYEN R. The White Rajah of Sarawak. Singapore：Oxford University Press，1986：p. 34.

人到渤泥国经商的一些细节："凡海舶抵其国（文莱王国），必以中国饮食献其王，故舟往渤泥，必挟中国善庖者一二辈以俱。观于当日渤泥国王植嗜好华食，知其地所受中国文化影响之深也。"①

西方史籍记载，1520 年前后，很多华人聚居在婆罗洲海岸一带，当时在婆罗洲，特别是当年的王城文莱，更是处处可见中国商品、钱币和各种度量衡器具。② 在欧洲各国势力渗入东南亚之前，文莱王国（包括沙捞越）对外贸易的主要对象几乎全是华人。③

大多数史学家都认为华人大批移居沙捞越是布洛克政府时期（1841—1945）的政策使然，实际上，在白人拉惹入主沙捞越之前，不少华工已在沙捞越境内为负责经营大小矿区的马来苏丹效力。④

虽然史学家无法确定华人最早出现在婆罗洲的年份，但各种古今史籍、早期的口述历史和出土古物都印证了华人在婆罗洲历史上的存在事实和影响力。

四、近代的华人移民

早期华人在婆罗洲的主要活动是商业贸易，尽管往来频繁，一些华商甚至聚居在婆罗洲沿海一带，但主要关系仍建立在商业利益交换模式之上。论及社会影响力，早期的华人活动远不及 19 世纪下半叶至"二战"之间的大规模华族移民活动——"下南洋"。

当时西方帝国主义殖民经济席卷全世界，物资丰富的东南亚旋即成为西方列强的另一个逐鹿场。西方人需要大量廉价劳工来开拓和经营这一片黄金之地，勤奋刻苦的华工因此成为西方政府的首选，当然沙捞越的布洛克政府也不例外。

在当时，欧洲人普遍把华人毁谤为"盗贼流氓之辈"⑤，然而，对身在沙捞越的英国人来说，与乐天随性的马来人与达雅人相比，20 世纪初南来的华族移民在很多方面都超越了当时沙捞越境内的达雅人和马来人。⑥

---

① 罗香林：《西婆罗洲罗芳伯等所建共和国考》，香港：中国学社，1961 年，第 10 页。

② 陈约翰著，梁元生译：《砂拉越华人史》，台北：正中书局，1965 年，第 6 页。

③ 陈约翰著，梁元生译：《砂拉越华人史》，台北：正中书局，1965 年，第 6 -7 页。

④ CHEW D. Chinese pioneers on the Sarawak frontier 1841 - 1941. Singapore: Oxford University Press, 1990: p. 19.

⑤ LOCKARD C A. Chinese immigration and society in Sarawak 1868 - 1917. Sibu: Sarawak Chinese Cultural Association, 2003: p. 16

⑥ HELMS L V. Pioneering in the Far East and journeys to California in 1849 and to the White Sea in 1878. London: Kessinger Publishing, 1882: pp. 255 - 256.

第一任拉惹詹姆士布洛克一心想将沙捞越打造成第二个爪哇（东南亚商业中心）[①]，他想借助“富有机动性、勤奋刻苦又有商业头脑的华人”来巩固势力、发展沙捞越的经济，[②] 却厌恶华人的诡计多端，总是想方设法去监控甚至掌控华人社群，尤其是华人公司（Kongsi）。詹姆士布洛克的强硬手腕最终引发了1857年的石隆门华工事件。[③]

对沙捞越境内各个族群，詹姆士布洛克采取“分而治之”的政策，[④] 将各个族群分化、隔离，必要时，甚至挑拨离间，[⑤] 以求逐个击破，便于掌控。

石隆门华工事件后，布洛克政府与华社、华社与其他族群关系僵化。詹姆士布洛克对华人不再信心满满，华人也对他满腹疑惑。在詹姆士布洛克统治后期，他重用马来人和达雅人，尽管在1868年逝世前，詹姆士布洛克还想招揽华工到沙捞越来，但他不能完全相信华人，也无法取信于华人。[⑥]

詹姆士布洛克倚重马来人和欧洲人来治理沙捞越，第二任拉惹查尔斯布洛克的政权却倚重华人和达雅人。

相较于詹姆士布洛克的猜忌和怀疑，第二任拉惹查尔斯布洛克对华人有着相当正面的评价，他曾公然赞扬华族移民为“无比优秀的民族”。

> 少了他们，东方国家难有所成。他们糅合了许多优良和愿意冒险的本质，但不得不承认的是，他们也有不好的习性。他们粗野、专横跋扈得像低级的欧洲人……他们乐善好施及力求完美的精神却足以弥补他们的不是……说到勤奋，他们和白人不相上下……我很乐意和东方的华商交易……我深信有教养的华人和白人是一样诚实、正直的。[⑦]

为了振兴经济、提高收入，查尔斯布洛克致力于开垦土地，发展农业，到

① BROOKE J & TEMPLER J C. The private letters of Sir James Brooke, K. C. B. , Rajah of Sarawak: narrating the events from 1838 to the present time. London: Richard Bentley, 1853: p. 42.

② KEPPEL H. The expedition to Borneo of H. M. S. Dido for the suppression of piracy: with extracts from the journal of James Brooke, esq. of Sarawak. London: Chapman and Hall, 1846: p. 67.

③ LOCKARD C A. Chinese immigration and society in Sarawak 1868 – 1917. Sibu: Sarawak Chinese Cultural Association, 2003: p. 9.

④ LOCKARD C A. Chinese immigration and society in Sarawak 1868 – 1917. Sibu: Sarawak Chinese Cultural Association, 2003: p. 9.

⑤ 在石隆门华工事件中，布洛克政府就采取了挑拨离间策略，挑起族群之间的仇恨，号召马来人和达雅人群起对付华人，杀害了不少华人。参见丘立基：《砂拉越史话》，古晋：黄文彬报业机构，2003年，第109页。

⑥ LOCKARD C A. Chinese immigration and society in Sarawak 1868 – 1917. Sibu: Sarawak Chinese Cultural Association, 2003: p. 12.

⑦ BROOKE C. Ten years in Sarawak. Singapore: Oxford University Press, 1990: pp. 85 – 86.

19 世纪 80 年代，沙捞越的农业蓬勃发展，需要更多劳工，而“善于利用土地”的华人就成为他的首要目标。① 查尔斯布洛克通过各种管道，利用各种优惠和生活补助从新加坡，甚至直接从中国招揽更多华人到沙捞越垦荒。②

查尔斯布洛克先后招来数批华人移民，包括 1898 年古晋地区的客家人，1901 年、1902 年在诗巫落脚的福州人和随后而来的广东人、兴化人以及后来移居巴南地区的华人移民。布洛克政府刻意将他们安置在内陆地区，如拉让江流域和巴南河一带。这样，一方面方便他们垦荒，增加可耕地的面积，另一方面也更易于控制。

> ……内陆河流可供大型船只航行，如果华人越来越麻烦，群起叛变，要对他们发动攻势也很容易。内陆地区与海岸地区断绝音讯，切断鸦片和其他物品的供应线，这将有效地遏制华人的不法行为。③

布洛克政府的亲善优惠政策，加上教会的辅助，使得沙捞越境内华人人口迅速增长。从 1841 年的 1 000 人到 1947 年的 145 158 人，华人在沙捞越的分布也越来越广泛。根据 1973 年的人口估计，沙捞越华人人口达 325 005 人，是沙捞越最大族群。

五、族群关系

中山大学人类学教授周大鸣指出，“族群一词最早是 1930 年代开始使用，被用来描述两个群体文化接触的结果，或者是从小规模群体在向更大社会中所产生的涵化现象”。

> 族群意指同一社会中共用文化的一群人，尤其是共用同一语言，并且文化和语言能够没有什么变化地代代传承下去。上述的定义都是从群体内部的共同特征出发的，即强调语言、种族和文化的特征。④

---

① LOCKARD C A. Chinese immigration and society in Sarawak 1868 – 1917. Sibu：Sarawak Chinese Cultural Association，2003：p. 15.

② 田英成：《砂捞越华人社会史研究》，诗巫：砂拉越华族文化协会，2011 年，第 7 – 8 页。

③ LOCKARD C A. Chinese immigration and society in Sarawak 1868 – 1917. Sibu：Sarawak Chinese Cultural Association，2003：p. 48.

④ 周大鸣：《族群与族群关系》，研讨会讲稿，台北台湾师范大学地理学系。http：//www1. geo. ntnu. edu. tw/moise/Data/Books/Social/03% 20race% 20and% 20ethnic% 20groups/race% 20and% 20race% 20relationship. doc。

他认为“族群”并不是单独存在的，“它存在于与其他族群的互动关系中……我们必须从族群互动中研究族群内涵和族群关系”①。

族群关系是一种复杂烦琐的社会关系，尤其在多元种族的社会中，它更是对统治者的治国理念和政治智慧的一大考验。

（一）沙捞越的多向族群关系

布洛克时代（1841 年 8 月 18 日到 1946 年 6 月 30 日）的华人移民热潮对沙捞越的影响层面，尤其在族群和社会结构上更为深广。

布洛克政府，尤其第二任拉惹查尔斯布洛克为了提高沙捞越的经济收益，通过各种管道从中国华南地区招揽华工到沙捞越“垦荒”。大批华工移居沙捞越，在一定程度上冲击了马来人和达雅人社群，也改变了沙捞越原有的族群生态。

在这个语言、文化截然不同的生活共同体之中，语言的隔阂和政策的隔离限制了各族群之间的交流，但共享的资源让各族群之间的互动越来越频繁，他们相互利用，各取所需，也针锋相对，侵占伤害。

在沙捞越的社会架构中，华人、达雅人和统治者（文莱苏丹、布洛克政府、日据政府、英国殖民地、马来西亚政府）之间的关系错综复杂，长久以来，华人和达雅人，甚至统治者，既相互依持，又互相排挤。

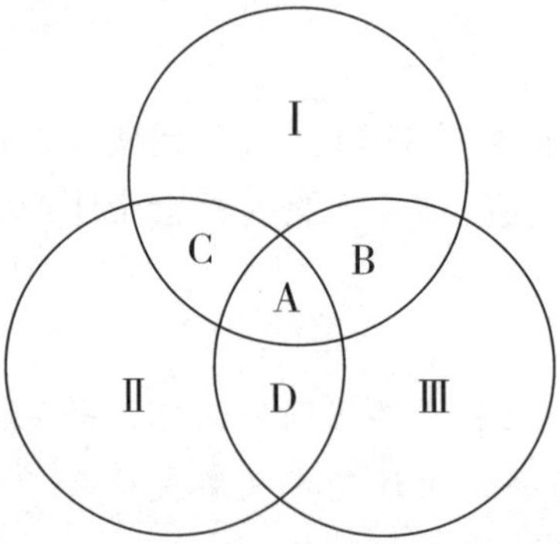

注：Ⅰ表示统治者。A 表示三者共同点。
Ⅱ表示华人。B 表示达雅人与统治者的共同点。
Ⅲ表示达雅人。C 表示华人与统治者的共同点。
D 表示华人与达雅人的共同点。

图 3　沙捞越族群关系图

在现实的条件下，各个族群为了各种利益，不得不与其他族群互动互补，这种互动关系可以是双向的，也可以是多向循环的。诚如图 3 显示，统治者、华人

① 周大鸣：《族群与族群关系》，研讨会讲稿，台北台湾师范大学地理学系。http://www1.geo.ntnu.edu.tw/moise/Data/Books/Social/03% 20race% 20and% 20ethnic% 20groups/race% 20and% 20race% 20relationship.doc。

和达雅人之间的共同点（A）是三者之间达成的共识和三者之间的利害关系。以布洛克政府为例，当时的政治体系中有不少涉及三者利益和权益的问题，如土地问题、对内对外的经济活动、社会治安等都需要三方协调、配合。但统治者和华人及达雅人之间又分别发展出一种相互依持、辅助又互相牵制，甚至抵制的双向关系。

统治者需要华人为他们打拼，华人务农、经商、冶铁、开矿，成为地方税收的主要来源。[①] 在经济收益方面，统治者不得不器重勤奋节俭的华人。不过英勇善战的达雅人和马来人也是统治者平定乱事、维持地方安靖的常备军，石隆门华工事件就是一个实例。

对挑战和生存威胁的华人来说，华人想要在这一片土地上谋生，就必须得到统治者的政治庇护和权益保障来保有他们的财富和族群利益，甚至是生命安全。而在族群竞争中，达雅人和马来人也必须靠统治者的扶助才能扭转劣势，获取一定的经济利益。如此一来，各个族群都必须尽力与统治者维持合作关系，在与其他族群力量相抗衡之余，也能借此壮大本身的组织和声势。

另一方面，华人和达雅人之间也共享利益，尤其在经济层面上的合作更是唇齿相依、缺一不可。华人尽管不喜欢“浑浑噩噩，文化知识低落的土人”[②]，但还是需要达雅人的土产；达雅人厌恶诡计多端的华人，却需要华人提供的日用品和食品。

尽管各个族群间的往来频繁、关系密切，但每个族群都有一个他族无法逾越和介入的“社群地盘”，这是多元社会中必然存在的一种现象。即便在异族通婚越来越普遍、族群识别越来越模糊的今天，各个族群内的“夷我之分”观念仍可在言谈举止之间明显察觉。

（二）族群关系简析

沙捞越华人与达雅人的族群关系可从以下几个范畴中窥见一二。

1. 农耕活动

布洛克政府鼓励并奖掖农耕活动，因此大多数南来华人都以务农为生。华人人口的增加，虽然有效地提高了沙捞越的农业所得，却不可避免地引发了更多族群的土地纠纷和社会问题。

土地纠纷是布洛克政府最头疼的问题。尽管布洛克政府的隔离政策使各个族群之间壁垒分明，但土地侵占和越界耕作事件仍时而有闻，而且族群之间的土地

① 刘子政：《婆罗洲史话》，诗巫：拉让书局，1964 年，第 106 页。
② 黄世广：《华侨在诗巫》，台北：台湾中国印刷厂，1954 年，第 6 页。

买卖欺诈事件也让布洛克政府的官员伤透脑筋。①

早期华人和达雅人的纠纷主要是土地问题使然，1887 年沙捞越宪报中所记录的伦乐土地纠纷事件就是一个实例。

华人和达雅人之间的土地纠纷和冲突事件从未间断，从伦乐附近地区所开发的胡椒园数量来看，诸如此类的纠纷一定有增无减。②

当地客家农户与达雅人的土地纠纷不断加剧，一度迫使当时的政府查尔斯布洛克亲自到石隆门审查这些事件。当然，对急于拓展农耕经济的查尔斯而言，能够高度利用土地换取更高收益的华人才是沙捞越经济发展的先驱者，他宁可违反达雅人的土地习俗法，也不愿意妨碍客家农户的农耕活动。③

初来乍到的华人不了解达雅人的土地习俗，他们急于垦荒，殊不知看似荒芜的土地却是达雅人世代相传的习俗地。土地纠纷和利益瓜分无法圆满解决，达雅人在上诉失败又求助无门的情况下，为保有土地，只好诉诸武力，用“巴冷刀”和长矛来做另一番的抗争，于是械斗、攻击、偷盗事件就接踵而来。

2. 商业活动

除了农耕活动，商业活动也引发了不少族群间的问题。为了避免华人和其他族群杂居衍生出种种社会问题，布洛克政府划清各族活动界限。同时，为了避免各种欺诈拐骗之事，政府还进一步规定各个族群不得共处杂居，尤其不许华人匿居达雅人长屋之中，违规者一律重罚。1914 年，一名达雅屋长因为允许华商住在长屋里而被迫交出 15 斤稻谷来抵罪。④

早期华人在沙捞越的商业活动，除了在市集或商店里摆卖杂货以外，就以流动船贩最为常见。为了更严密监督华商在各地的商业活动，政府规定华商和船贩必须向地方官员申请营业准证，每个月必须到政府办事处报到并更新他们的营业准证。⑤

对这样一种做法，布洛克政府说，那是为了更有效地保护华商的利益和人身

---

① LOCKARD C A. Chinese immigration and society in Sarawak 1868 – 1917. Sibu：Sarawak Chinese Cultural Association，2003：p. 55.

② Sarawak Gazzette，1 July 1887：p. 121.

③ CHEW D. Chinese pioneers on the Sarawak frontier 1841 – 1941. Singapore：Oxford University Press，1990：p. 46.

④ CHEW D. Chinese pioneers on the Sarawak frontier 1841 – 1941. Singapore：Oxford University Press，1990：p. 123.

⑤ CHEW D. Chinese pioneers on the Sarawak frontier 1841 – 1941. Singapore：Oxford University Press，1990：p. 84.

安全，也是为了保护其他族群免受华商的剥削和欺骗。[1]

华人在沙捞越各地的商业活动直接冲击了马来商人的市场和所得，却也为内陆族群提供了另一种交易模式。1883 年沙捞越宪报中记录了马鲁帝省长克劳（Claude Champion de Crespigny）的一段话：

……之前阿邦尼帕很反对古晋的华人到这里（马鲁帝）做生意，但现在巴不得更多华人到这里来。他和他的族人（肯雅人）听到垦发（华人公司行号）工人报出的价码都吓了一大跳，因为最上好的黑棉布只卖两块钱。马来商人卖的布，最劣等的黑布都要三块钱……来自文莱的一些马来人对此非常不满，他们说，如果华商继续用这种价码来做生意，他们就完蛋了。不过他们最气的是，垦发的工人竟然没有讨价还价，不压低价钱，一口气就用 32 块钱买下一麻袋的古塔胶。[2]

华商带着布匹、食品和油、盐等杂货到内陆地区和当地人交换土产和林产。华商需要达雅人的原产品，达雅人则依靠华商提供日常用品和其他物资。在交易上，除了物物交换和少数货币流通外，大多数华商都以赊账的方式来促销货物，保住固定顾客群并确保土产的持续供应。[3]

商业上的交易拉近了华人和达雅人之间的距离，尽管不谙达雅语，一些商家仍能“比手画脚”来达成交易，[4] 而原本建立在利益之上的商业关系后来也渐渐架构起另一种相互依持的社会关系。

由于沙捞越内陆交通不发达，往来各地耗时费力，住在内陆的达雅人往往每隔一段时日才会带着各种土产，撑船到市区去换取日常用品和食品。

在我所收录的口述历史中，就有一些相当生动的叙述，先前家里经营杂货店的陈爱珍对当年店里的“拉子”印象深刻。

……拉子通常都是整群人来的，有时他们也住在我们店里。我们睡楼上，他们睡楼下，厨房各处随他们去睡。我父亲担心一些拉子会生

---

① LOCKARD C A. Chinese immigration and society in Sarawak 1868 – 1917. Sibu：Sarawak Chinese Cultural Association，2003：p. 120. 实际上，不少学者认为那是布洛克政府的惯用手法——隔离政策，分而治之，参见 CHEW D. Chinese pioneers on the Sarawak frontier 1841 – 1941. Singapore：Oxford University Press，1990：p. 124。

② Sarawak Gazzette，1 May 1883：p. 50.

③ 林青青：《砂拉越伊班族的民俗、说唱艺术及其华族文化色彩》，诗巫：砂拉越华族文化协会，2005 年，第 193 页。

④ CHEW D. Chinese pioneers on the Sarawak frontier 1841 – 1941. Singapore：Oxford University Press，1990：p. 84.

事，在睡前会把他们的巴冷刀收起来，半夜也会起来看看。拉子一来，我们家的米就要收起来，只拿一些出来煮给他们吃。我们通常会从店里拿一些江鱼仔（小鱼干）、蒜头和大葱给他们配饭，他们会把大葱和蒜头剥成一瓣瓣，夹着江鱼仔配饭吃。

在他们钱不够用或有急用的时候，达雅人就会把长屋里比较值钱的东西拿来抵押，等他们有钱的时候，就拿钱来赎回他们的东西……①

当年大多数华人都做“拉子”生意，当然其中也不乏靠欺诈来赚取丰厚利润的奸商。

以前拉子生意很好做，他们不会算账，有些华人就骗他们。东西拿到长屋里去卖，明明只有12两，却说成一斤，那些拉子给华人“砍”到半生死。②

为了丰厚的利润，华人船贩不顾生死也要带着货物往返内陆长屋，从而扩大了经济链，改变了内陆地区原有的经济活动和商业模式，却也衍生出不少骇人听闻的社会问题，华人船贩惨遭杀害、砍头的案例不在少数。③

3. 文化习俗

异族通婚现象的普遍④强化了华人与其他族群之间的关系，却凸显了不同族群之间的文化和价值观差异。早期的异族婚姻多以离散告终，布洛克政府严禁华人携带本地女子回国，以免她们在异乡受苦。⑤ 然而，这样的禁令塑造了无数个如“大禄士”⑥ 和“拉子妇”⑦ 般的悲惨人生，加深了族群之间的仇恨。

当然，异族通婚也是文化融合的催化剂，尽管无法完全融合，却也促成一些沙捞越特有的超族群文化习俗，如节庆和婚丧礼仪。⑧

---

① 林青青：《砂拉越田野调查口述历史记录本》，未发表资料集，第102页。

② 林青青：《砂拉越田野调查口述历史记录本》，未发表资料集，第102页。

③ CHEW D. Chinese pioneers on the Sarawak frontier 1841 – 1941. Singapore：Oxford University Press，1990：pp. 77 – 96.

④ CHEW D. Chinese pioneers on the Sarawak frontier 1841 – 1941. Singapore：Oxford University Press，1990：p. 135.

⑤ LOCKARD C A. Chinese immigration and society in Sarawak 1868 – 1917. Sibu：Sarawak Chinese Cultural Association，2003：p. 71.

⑥ 李永平：《婆罗洲之子》，古晋：婆罗洲文化局，1968年。

⑦ 李永平：《拉子妇》，台北：华新出版社，1976年。

⑧ 林青青：《砂拉越伊班族的民俗、说唱艺术及其华族文化色彩》，诗巫：砂拉越华族文化协会，2005年，第201 – 202页。

4. 教育

向来注重教育的华人南来后在各地兴建学校，教育下一代。根据1950年的统计数据，单是只有7万人的诗巫地区，在1948年前创办的学校就有111所之多。

学校，是传承文化、教授知识的所在，也是强化族群关系的机制。数十年来，沙捞越各地华小教育了华人子弟，也造福了不少达雅族子弟。达雅人入读华小的原因很多，但语言和文化的接触在潜移默化中修补、促进了族群关系，这是相当可喜的现象。

（三）族群关系的转折点——万隆会议

沙捞越华人与达雅人的族群关系经历了超过一个世纪的洗练，从早期的紧绷与僵化到后来的谅解与包容，从无知排斥到了解包容，这其中涵括了很多主客观因素，而1955年万隆会议是最主要的转折点。

"二战"前的沙捞越华人基本上仍徘徊在去留之间，他们以"侨居海外的中国人"自居，一心只想赚钱，衣锦还乡。他们心向祖国，关心的是中国国内的政局变化，[①] 对所在地没有归属感，更缺乏政治参与感，对族群关系自然也淡然处之。事实上，从沙捞越各地华人学校的校名，如中华、建兴、中兴、华兴、光华、中国、兴华、汉光、民强、振华等就可以看出当时华人的国家认同感。[②]

从沙捞越华人对反清革命、筹赈祖国抗日战争活动以及1949年新中国的成立，乃至1950年间"回国青年热潮"的热衷[③]和在1946年沙捞越让渡事件中的冷漠就可清楚地知道大多数华人当时的政治立场和想法。不少学者将这种现象解读为"侨民意识"。[④]

这样的"侨民意识"让华人在所在地故步自封，凭借华人社团和宗亲会形成的保护网来隔绝所有"非华因素"，他们的主要社交活动都圈定在华社之内，即便与其他族群有互动，也仅止于点头之交，认为周遭的事都不关己，无须枉费心思经营。因为对他们来说，沙捞越始终是一个"客居"的地方。[⑤]

1955年，星马侨领组织商业考察团到中国会见周恩来总理，当时周恩来已清楚表明中国政府的意愿，即"希望华侨在外落地生根，遵守当地法律，争取当

① 李南林、田农：《砂拉越华族史论集》，古晋：沙捞越第一省华人社团总会史学组，1985年，第112页。

② 参见黄世广：《华侨在诗巫》，台北：台湾中国印刷厂，1954年，第43－59页。

③ 田汝康著，林青青译：《砂拉越华人——社会结构研究报告书》，诗巫：砂拉越华族文化协会，2013年，第143－144页。

④ 田英成：《砂拉越华人社会史研究》，诗巫：砂拉越华族文化协会，2011年，第124页。

⑤ 李南林、田农：《砂拉越华族史论集》，古晋：沙捞越第一省华人社团总会史学组，1985年，第112页。

地公民权，参与当地政治活动”[①]。

同年4月，中国总理周恩来在印尼万隆会议上主张“解决华侨双重国籍问题，重点应鼓励华侨自愿选择所在国国籍”。

周恩来强调，“凡已经或自愿取得当地国籍的华侨，就当然丧失中国国籍，他们和中国的关系是亲戚关系。华人成为所在国公民以后，应当效忠入籍的国家，应当同当地人民一道为所在国政治、经济独立和文化繁荣作出贡献。同时也希望海外华人为促进所在国人民同中国人民的友谊，为两国之间经济文化交流起积极作用，以利于促进我国同华人众多的国家的友好关系”[②]。

万隆会议扭转了华人的政治意识，也改变了华人对所在地的认同感和他们的思维方式。

截然不同的身份和定位改变了华族移民的思维和生活方式，在思索如何将他乡变故乡之际，他们也开始反思与其他族群的关系及相处之道。

当时虽然有一部分华人仍坚持效忠中国，但更多华人认为既然祖国政府已经表明立场，华人就应该摒除回国念头，把沙捞越当成祖国，积极开展新生活，融入所在地的社群，通过各种管道维护这个新祖国的利益。[③]

沙捞越华人在万隆会议前后的作为和态度全然不同，尤其在沙捞越政治上的表现更是让人刮目相看。他们一改让渡事件中的漠然与冷眼旁观，在沙捞越掀起一股反殖浪潮。1956年，沙捞越华人成立了诗巫各业职工联合会，1957年古晋华商职员联合会修改章程，易名“古晋职工联合会”，以求领导工人争取新祖国的独立。随后，古晋和诗巫各地纷纷成立工人团体，[④] 集合工人力量，剑指英国殖民地政府。

除了组织工人团体，华人知识分子也积极参与地方议会选举，将触角伸入沙捞越政界。

观念的改变使沙捞越华人面对现实，积极修复与其他族群，尤其是与达雅人的关系，在此期间，沙捞越的族群关系着实向前跨了一大步。1959年，沙捞越华人商家和工人运动领袖联合达雅人组成沙捞越首个跨族群政党——沙捞越人民联合党（SUPP，简称“人联党”），强调不分种族，以促进多元民族和睦共处并效忠沙捞越本邦为宗旨。[⑤]

---

① 饶尚东、田英成：《砂拉越华族研究论文集》，诗巫：砂拉越华族文化协会，1992年，第200页。

② 《周恩来总理解决华侨双重国籍问题或取消国籍或回国》，http://shehui.daqi.com/article/3660625.html。

③ 饶尚东、田英成：《砂拉越华族研究论文集》，诗巫：砂拉越华族文化协会，1992年，第201页。

④ 饶尚东、田英成：《砂拉越华族研究论文集》，诗巫：砂拉越华族文化协会，1992年，第201－202页。

⑤ 陈约翰著，梁元生译：《砂拉越华人史》，台北：正中书局，1965年，第100页。

尽管人联党后来走向共产党，也逐渐成为以华人为主导的华基政党路线，但相较于1962年成立的沙捞越华人公会（简称“沙华”），人联党所涵括的范围和对象更大、更广，在后来数十年的沙捞越政坛上也发挥了相当大的作用。

而此后，沙捞越政界也出现越来越多的华人代表。1970年，人联党与土著党联手组成联合政府，虽然一些人并不认同这个决定，但此举维护了沙捞越政局的稳定，进一步保障了沙捞越人民的生活和权益。这也说明沙捞越华人所寻思的不再只是本族群的利益，他们已经清楚意识到，国家和社会的繁荣与进步有赖于全民的团结和努力，这也足以维系沙捞越良好族群关系。

六、结语

早期的锚泊时代，“客居”华人和达雅人，甚至和统治者之间的互动及关系（无论依附还是抗衡）多建立在利益之上，无论是对立还是友好，都和个人及族群利益脱不了干系。

因此华人用杆秤换取财富，用财富换取保障；达雅人则用巴冷刀兑换权益，用权益保障生活。那是一段杆秤（钱）与巴冷（权）的锒铛对决。

万隆会议后，沙捞越华人开始寻思自我的定位，从客居到定居，从冷漠到热衷，从排斥到面对，甚至接受，华人找到了自己的立足点，确认了本身的国籍和身份，踏踏实实地将这一片异乡变成自己的故乡。

对沙捞越华人来说，他们不再是人在沙捞越，心向中国的“原乡人”。[①] 他们是生于斯、长于斯的沙捞越人，他们必须顾及其他族群的利益和福祉，打造一个互惠互利的和谐社会，才能确保整体的安定与进步。

如此的思维转变对沙捞越的族群关系有很大的助益，也推动了近代沙捞越在各方面的发展。

沙捞越融洽和谐的族群关系向来为人所津津乐道，2014年大马总理署部长丹斯里佐瑟古律（专司国民团结）就曾呼吁西马半岛人民向沙巴和沙捞越的大马人学习宗教容忍及种族和谐。

> “容忍”是东马的多元民族与宗教的社会能和平共处的方程式，他们没有抱持“自以为是”的态度。在东马，人民的日常生活已跨越种

① “原乡人”一词是台湾社会用来指那些祖籍在中国大陆，后来又移居台湾的人。他们称自己是“原乡人”，他们口中的“原乡”就是中国。原乡是一个宗系的本乡，是指祖先迁移前所居住的地方。参见钟理和短篇小说《原乡人》，http：//www. mwjx. com/other/book/story/top100/037_ yxr/yxr. htm。

族及宗教的界线和藩篱，真正的和谐已成为一种日常文化，他们可接受不同的文化，一户家庭信仰不同的宗教，或异族通婚，都不是问题。①

而随着沙捞越现任首长丹斯里阿迪南对华人身份和华小贡献的肯定，② 华人早已成为土生土长的沙捞越人，与这片土地上的所有族群同存共荣。

中国著名社会学者田汝康在他 2013 年的《砂拉越华人社会结构研究报告书》中呼吁殖民地政府“……只有给新移民在所在地发展的机会，让他们真正参与所在地事务，完全分担社会责任，他们才得以开始着手打造一个全新的环境和氛围，如此才有可能让新移民社群对滋养他们的侨居地衍生出一种新的情感”。③

32 年后，田汝康再访沙捞越，欣见当年的愿景已成事实。实际上，华人需要的不只是殖民地政府给予的机会，沙捞越华人的自觉自知给了自己和政府以及这片土地一个进步的机会，那才是真正的进步动力，而随之而来的良好族群关系则是沙捞越最大的资产。

附图：

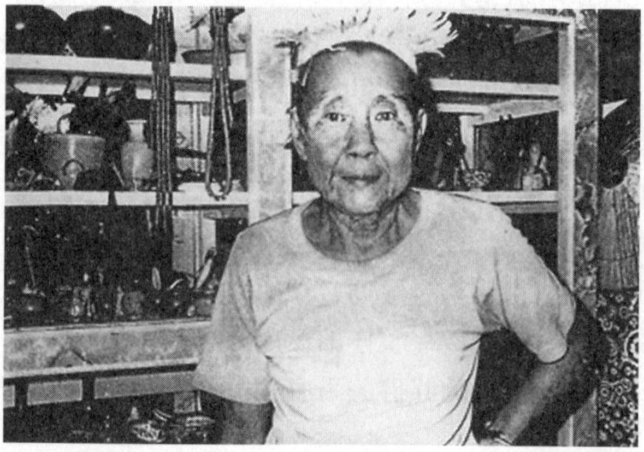

图 4　布拉甲的华商（1981 年）

① 参见《尊重·包容·扶持·砂拉越各族同工共餐》，http：//news. sinchew. com. my/node/386947？tid = 77。

② 参见《砂首长：培育英才贡献良多·关闭华小蠢》，《星洲日报》，2014 年 10 月 23 日。http：//news. sinchew. com. my/node/392702？tid = 1。

③ 田汝康著，林青青译：《砂拉越华人社会结构研究报告书》，诗巫：砂拉越华族文化协会，2013 年，第 148 页。

图5　当年的华人船贩

图6　华商收购土产的情形

图7　华商与长屋“顾客”

图8　船只无法进入的内陆山区就靠扁担来送货

婆罗洲华人的特性：以印尼山口洋的客家人为例[1]

曹云华[2]

客家人是汉民族中最喜欢迁徙的一个群体，早年他们从中原迁徙到中国南方各地，主要是广东和福建，到了南方之后，他们又不断地向海外迁徙，包括东南亚和印度、毛里求斯、留尼汪、巴拿马等国家和地区。虽然客家人不断地迁徙，不断地向海外拓展，但是，客家人又是最顽强地坚守自己文化的一个族群。在海外，客家人总是在变与不变之间寻找平衡点，所谓变，那是因为生存环境变了，他们在各方面不得不做出调整，以适应环境的变化；所谓不变，那是客家人不忘记自己的祖宗、不忘自己的根，坚守自身的文化，包括客家人自己的宗教信仰、风俗习惯、语言等。据笔者的考察，客家人在海外是比较顽强地坚守自己文化的一个族群，他们往往三代、四代之后还是那么本色，仍然顽强地保持客家特色。近年来，笔者曾经多次到山口洋和诗巫两地做田野调查，对这里的华人保留更多华人特性留下深刻印象。在马来西亚，闽南人有一句话，叫“三代成峇”，意即到了第三代之后就完全本土化了，与当地人没有什么差别了，在马来西亚，“峇峇”即土生华人。“与第一代的移民相比，第三代的移民明显地会有较多的本地色彩。移民除了需要适应地方的气候和地理环境之外，其中一个最早的文化适应是与当地人的沟通，这就免不了要学习当地的主要语言。各地的华人都或多或少地学习当地的语言，经过两三代人之后他们所操的当地语言大都非常流利，甚至与土著（指原先在当地的人）没分别。”[3] 上述情况，在印尼的爪哇岛、马来西亚的西马地区是非常普遍的，无论是客家人，还是闽南人或潮州人，都是如此，然而，在婆罗洲岛，情况则完全不同。

---

① 婆罗洲（Borneo），这里沿用中国古籍的叫法，即现在的加里曼丹岛（Kalimantan Island），是世界第三大岛，面积为743 330平方公里。位于东南亚马来群岛中部，包括文莱；马来西亚的东马部分，即沙捞越州和沙巴州；印度尼西亚的五个省，即西加里曼丹省、东加里曼丹省、南加里曼丹省、北加里曼丹省和中加里曼丹省。中国史籍称为“婆利”“勃泥”“渤泥”“婆罗”等。

② 曹云华，暨南大学国际关系学院/华侨华人研究院教授。

③ 陈志明：《迁移、本土化与交流：从全球化的视角看海外华人》，载廖建裕、梁秉赋主编：《华人移民与全球化：迁移、本土化与交流》，新加坡：新加坡华裔馆，2011年，第9－10页。

一、海内外关于婆罗洲华人的研究

关于婆罗洲华人的研究，可以分为几个部分：一是前殖民地时期一些西方学者的研究；二是台湾学者的研究；三是本土学者的研究；四是大陆学者的研究。

前西方殖民地时期，有一些西方人类学者曾经对早期到婆罗洲的华人进行过观察研究，他们拥有与殖民统治当局联系密切、可以直接接触到官方文件和档案资料等优势，因此，西方学者的研究可谓独树一帜，为后人的研究提供了不可多得的珍贵资料。在这方面最有代表性的当属荷兰学者高延（J. J. M. De Groot），他撰写了著作《婆罗洲华人公司制度》（袁冰凌译①，台湾“中央研究院”近代史研究所 1996 年出版）。高延，荷兰著名汉学家（1854—1921）。1873 年入莱顿大学，学习中国历史文学，并进修宗教学理论。四年后前往厦门进行为期一年的留学。对厦门的民情风俗做了大量的调查研究，写下了第一本关于中国的著作《厦门民间习俗》，为其后来研究婆罗洲的华人公司制度打下了坚实的基础。早期的荷兰汉学，基本宗旨是为荷属东印度培养中文通译人才。1878 年，高延被派往井里汶担任翻译官。两年后转到西婆罗洲的坤甸任职。在这里，他陪同上司做了大量的公务旅行，与当地最后一个客家人金矿公司——兰芳公司有大量的接触，与公司首领刘阿生等建立了良好的关系，还学会了客家话，并收集到十分珍贵的兰芳公司及其他华人金矿公司的第一手材料。1884 年，兰芳公司解散，导致大量华人矿工流离失所，曾经繁华一时的东万律等城镇变得荒无人烟，高延与该公司有过三年的直接接触，认为荷兰殖民当局并不了解当地，导致政策失当，于是，他撰写了《婆罗洲华人公司制度》一书，从人类学的角度研究中国，强调了解华人社会的重要性和紧迫性，希望该书能够改变许多西方人对华人的误解。1886—1890 年，高延又到中国福建、广东、江西、四川、北京等地进行广泛的田野调查。回国后担任莱顿大学的人类学教授、荷兰皇家科学院客座院士，法国授予他荣誉勋章。

台湾学者对婆罗洲华人一直有较大的兴趣，出版过许多研究成果，这方面最有代表性的，当属黄建淳先生和他的著作《砂拉越华人史研究》（台湾东大图书股份有限公司 1999 年出版）。该著作比较全面地反映了沙捞越州华人的历史发展，包括从早期的迁徙，到后来的定居与发展；作者对华族各方言群的人口与社会结构都进行了系统的分析与解构，对早期华人方言与华人经济社会的活动之间的关系进行的分析十分精辟。作者在书中指出，在海外早期的华人社会中，方言

① 袁冰凌，中国学者，在厦门大学学习后到荷兰学习荷兰语并翻译了高延这本书。

在建构华人社会组织与特征方面扮演了重要的角色。“盖海外华人社会的形成，莫不肇始于相同或相近的方言语系之聚集。易言之，本诸血缘与地缘性的基因，承袭于故里村社制度与特性，组织成海外一体两面的公司与会党；西婆罗洲华人公司溃散之后，先后大批华人流移沙捞越，加之建国后，沙王当局策行若干垦殖政策与相关的历史因素，建构了方言群与沙华社会不可分割的关系。无可讳言，近代会党系制造社会罪恶的渊薮，但昔日的会党却是公司自治与防御的凭借，今非昔比，自不可同日而语。无论如何，方言群体系奠定华人社会的肇基。”①

近年来，台湾掀起一股客家研究热潮，婆罗洲地区的客家人成为他们研究的首要对象与目标，不少台湾学者到婆罗洲各地进行大量的田野调查，撰写和出版许多研究成果，这方面最有代表性的有徐雨村主编的《族群迁移与宗教转化——福德正神与大伯公的跨国研究》（台湾清华大学人文社会学院出版，2012 年），台湾一些大学，诸如暨南国际大学、淡江大学、台湾清华大学等还有一批研究生以婆罗洲华人为研究对象，到这里做田野调查，撰写毕业论文。

马来西亚、印度尼西亚等地本土学者关于婆罗洲华人的研究成果也非常丰富，形式多样，为我们后来学者的研究提供了许多有重大史料价值的研究成果和各种资料。这方面最有代表性的学者如早期的刘子政、刘伯奎先生等人，他们早期对当地华侨华人的研究成果，包括客家人矿工、福州人等的记载具有相当重要的史料价值。在当前的沙捞越州，有四支力量为当地的华人社会研究作出了重要的贡献：一是砂拉越华族文化协会，二是砂拉越留台同学会，三是本地各种华人社团，四是华文媒体和华文学校。这四个组织在促进本土华侨华人研究、史料的收集与整理、弘扬华族文化等方面发挥了巨大的作用。以砂拉越华族文化协会为例，该协会自 1990 年成立以来，以弘扬华族文化传统，促进华人文化为己任，团结本地一大批华人知识分子、华商等，努力促进当地的华侨华人研究，据不完全统计，该协会自 1990 年至 1999 年的 10 年时间里，共编辑出版了 36 本华人研究著作。据笔者了解，砂拉越华族文化协会是马来西亚各州华人文化机构中最活跃、最有成就的一个组织。活跃在沙捞越华族文化战线上的还有一支重要的生力军，那就是砂拉越留台同学会，从 1990 年至 1999 年 10 年时间里共出版了 12 本华人研究专著。更为重要的是，这些学成回国的华族人士，回到本土之后，成为本土政治、经济和文化等领域中最为活跃的分子，是本土弘扬华族文化的主力军。此外，本地各种华人社团编辑出版的会刊、纪念特刊等，也为华侨华人研究提供了重要的素材和史料。

田英成、饶尚东等人运用西方的人类学、人口学等研究方法，对北婆罗洲地

---

① 黄建淳：《砂拉越华人史研究》，台北：东大图书股份有限公司，1999 年，第 312 页。

区的华侨华人的人口、社会形态等进行了系统的研究，主要作品有：饶尚东、田英成合著《砂拉越华族研究论文集》（砂拉越华族文化协会出版，1992 年），田英成著《砂拉越华人社会的变迁》（砂拉越华族文化协会出版，1999 年），田英成著《砂拉越华族社会结构与形态》（华社资料研究中心出版，1977 年）等。

马来亚大学中国研究所所长黄子坚博士曾经专门研究沙巴州的客家人，撰写过不少这方面的论文，据黄博士的研究，沙巴州的客家人到这里定居与发展和基督教的香港巴色教会有密切的关系，早年间，香港巴色教会在广东和平、龙川等客家人聚居地区布道，有大量的教徒，在香港巴色教会的组织与动员下，许多客家人信徒拖家带口来到沙巴定居和发展，创下了基业，成为建设沙巴的一支重要生力军。

曾经在文莱大学工作过的饶尚东博士（新加坡人）利用在当地任教的有利条件，撰写和出版过关于文莱华人的研究成果，如《文莱华族会馆史料》（新加坡亚洲研究学会出版，1991 年），《文莱的人口与经济发展》（新加坡青年书局，2010 年），这些成果弥足珍贵，填补了海内外关于文莱华人研究的空白。

与前述几个方面相比，中国大陆学者的婆罗洲华人研究相对比较滞后，早期的华侨华人研究学者如朱杰勤等人，曾经在他们的一些著作中提及这方面的研究，但是很少有专门的研究成果。大陆学者中最有成就的，数田汝康先生，他曾经于 1948—1949 年到沙捞越进行田野调查，撰写了调查报告书 *A Report on the Organization of the Chinese Community in Sarawak*，后来被翻译成中文，即《砂拉越华人社会结构研究报告书》（林青青译，砂拉越华族文化协会出版，2013 年）。最近几年，有一些学者如郑一省等人开始赴西加里曼丹等地开展田野调查，还有一些到当地华文学校教华文的中国华文教师也对当地华人文化、风俗习惯颇感兴趣，撰写了一些研究文章。

二、印尼山口洋华人的历史演变

客家人在海外分布很广，数印尼最多，且居住最为集中，他们在印尼各地开枝散叶，在爪哇岛，以雅加达最为集中，在外岛地区，则以西加里曼丹省居多。据《印尼客属联谊总会成立两周年纪念特刊》记载，“自明、清以来，早期从中国抵达南洋谋生的客家人，经世代繁衍，开拓创业，在此落地生根。现今，在印尼全国 2.4 亿左右人口中，华人约 2 000 万，而客家人有 600 多万”①。在印尼首都雅加达，客家人和客家话曾经是雅加达的一个标志。据许多老华侨华人回忆，在 20 世纪 50 年代，客家话是雅加达的商业语言，不懂得客家话的人无法在雅加

① 《印尼客属联谊总会成立两周年纪念特刊》，雅加达：印尼客属联谊总会，2010 年，第 34 页。

达做生意，甚至在各种祭祖仪式上，都是用客家话来宣读祭词。在华文学校，大部分老师都是客家人，他们操着浓重的客家口音教授华语，使得当时许多华校的学生讲的华文都有很浓重的客家口音。说起印尼早期的客家人，人们会娓娓道来，“200多年前的梅县石扇人罗芳伯带领一批同乡南渡到加里曼丹坤甸，创立‘兰芳大总制’的民主政体之雏形，被尊称为‘大唐总长’。清末民国初期的著名实业家张弼士，早年从大埔县西河来到印尼棉兰发展橡胶和锡矿业，富甲东南亚，后回国创办了‘张裕酿酒公司’，酿造出‘白兰地葡萄酒’，在巴拿马万国博览会夺得金奖，为祖国赢得了荣誉。华侨实业家张榕轩昆仲于清朝末年从梅县松口抵达印尼棉兰，成为开埠功臣之后，承办在中国近代史上第一条由华侨投资的纯商办的‘潮汕铁路’”①。

山口洋市是西加里曼丹省下属的一个城市。西加里曼丹是印尼华人占比最高的一个省份，全省约400万人口，华人约占了20%，主要集中在山口洋、坤甸一带。在首府坤甸，约有60万人口，华人约占了20%，以潮州人为主，客家人也得学会讲潮州话。在山口洋市，约有20万人口，华人约占62%，以客家人为主，有一部分潮州人，但都讲客家话。该市除了华人之外，当地民族有达雅族、马来族和爪哇族。

许云樵先生在《客家人士在东南亚》一文中对东南亚的客家人有比较系统与完整的描述，他指出：“华人既在东南亚到处都是，客家人自亦不例外，不过因南来较迟，不及闽潮粤三帮人口之盛，但在砂拉越（马来西亚——作者注）和西加里曼丹（印尼——作者注），客家人口反比他帮多，在西马的锡矿区域，也以客家人为多。这大概由于和先驱者地缘关系，互相招引而致集中。在西加里曼丹，有罗芳伯开创的基业，在吉隆坡有叶亚来的开地拓殖，因此客家人口特占优势。”许云樵先生认为，在东南亚维系客家人团结的因素非常独特，那就是依靠客家方言。“客家人在各帮为独特，既非地缘，亦非血缘，而为方言群。……任何方言，均有递变，独客家方言，不系乎时，亦不系乎地。此其独特者也。”②

据史料记载，广东的客家人早在1760年就开始到山口洋市附近的鹿邑（Monterado）一带采矿，来自广东梅县及周边各县的客家人在这里成为开挖金矿和钻石的苦力，一小部分人则成为包工头和矿主。其中最为典型的要数梅县人罗芳伯和他的兰芳公司。

罗芳伯（1738—1795），祖籍广东嘉应州（今梅州市），34岁时从家乡来到

① 《印尼客属联谊总会成立两周年纪念特刊》，雅加达：印尼客属联谊总会，2010年，第12页。

② 许云樵：《客家人士在东南亚》，载谢佐芝主编：《世界客属人物大全（上册）》，新加坡：崇文出版社，1990年，第96、117页。

当时的荷属印尼坤甸，与友人一起成立兰芳公司，开采金矿。经过多年的经营，兰芳公司在经济上取得了巨大的成功。当时的坤甸处于无政府状态，土匪出没，各个派别的华人之间、华人与土著之间也经常因为利益问题而发生争执甚至发展到流血冲突。罗芳伯挺身而出，合并各家小的金矿公司，组成自卫武装，维护秩序。于是，“兰芳公司”遂从原来的纯经济组织演变为一个地方自治机构。罗芳伯以“大唐总长”的名义实行治理，下设司法、军事、教育、财政及工农业等机构，俨然成为一级政府，有自己的税收制度，制定了自己的法律，还拥有武装力量。

姚楠主编的《东南亚历史大辞典》给兰芳公司下的定义是：“印度尼西亚婆罗洲（今西加里曼丹）华侨从事经济活动的经济自治组织。……公司拥有苏丹授封领域，人口10余万，有自己的武装，有各项制度、法令，以维持领域内的社会治安，并向当地统治者纳税。”①

在20世纪50—60年代闻名新马等地的曾铁忱（曾经担任《南洋商报》主笔、编辑，《南方晚报》主编等职）曾以“坤甸国王罗芳伯”为题，撰写文章，称罗芳伯为“坤甸王”，他建立的兰芳公司是“首创共和”。“罗芳伯以出奇制胜的军事行动囊括东万律一带后，所属诸采矿公司均合并于兰芳公司。到1877年时，隶兰芳公司统属者，已有众三四万人，又得勇猛善战的吴元盛为佐，东征西讨，所向无敌，坤甸苏丹自知芳伯势盛，为己力所不及，便将一部分土地分给罗芳伯，归他管辖。于是罗芳伯乃扩大兰芳公司的组织，建立自治政府，而定国号为‘兰芳大总制’。” “由公司组织而迈进到政府组织，看来是自然趋势……” “罗芳伯与群雄所建立之兰芳大总制，实为一完全自主的共和政体……”②

据马来西亚华人历史学家刘伯奎先生的考证，18世纪后半期，在西加里曼丹出现了一股采金热潮，华人像潮水般地涌向这块地方，“此时西加里曼丹华人的金矿公司，至少已有18家知名的，……其中最具规模的是大港公司和三条沟公司。上述这些公司的职工，已增至万人以上。可见当时在西加里曼丹的华人，为数已相当可观。上述这些华人公司，他们所利用的土地，都是向马来土王租用的，每年租金50两黄金，另外征收矿工人头税，每名三元”。③ 与其他公司一样，兰芳公司实际上是一个自治组织。“原先这是一个开采金矿的组织，因为当地治安不好，便逐渐负起维持当地治安的责任，平定地方上的骚乱，时势造英雄，这个采金公司便成为一个自治机构。罗芳伯一跃成为这个机构的总长。那时候，荷兰人的势力还到达不了这些地方。故自1777年起，讫于1823年的几十年

① 转引自朱杰勤：《东南亚华侨史》，北京：高等教育出版社，1990年，第122页、第154－155页。

② 曾铁忱：《坤甸国王罗芳伯》，泰国华侨客属总会会刊（1972年号），泰国客属总会，1973年，第19－20页。

③ 刘伯奎：《19世纪砂拉越华工公司兴亡史》，（出版者不详），1990年，第27页。

间，兰芳大总制的统治权与坤甸苏丹的统治权分庭抗礼，但相安无事。”①

山口洋的兴起，应该与上述客家人在周边的开矿活动有关，因为山口洋是一个风景秀美的港湾，最初只是有一些华人矿主来这里休养，后来逐步发展成为一个海滨城市。据笔者考察，山口洋市及其附近的客家人，主要由两部分人组成，一部分是如上文所述的罗芳伯的后代，他们到这里的历史比较长，已经有 200 多年的历史。这部分客家矿工的后代有两个特征，一是祖籍地多为广东梅县一带；二是多为混血，因为早期来到这里的矿工几乎都是男性，于是，他们与当地妇女（主要是达雅族妇女）通婚，繁衍后代。“华人一开始来到山口洋就跟原住民特别是达雅族结成兄弟般亲密的友谊关系，这两个部族之间的交往是那么融洽，几乎没有任何隔阂。从前，山口洋是从中国来挖掘金矿的工人落脚的地方。1760 年开始有大批的广东客家人移民来到西加里曼丹，在鹿邑成为开采金矿和钻石的苦力。他们中有相当一部分人融合到原住民当中，但是，他们至今还是保留了他们祖宗的习俗和传统。”② 印尼土生土长的华人历史研究学者许天堂先生在其著作中也这样写道：“华人大批抵达西加里曼丹大约发生于 1760—1770 年间。他们被三发（山口洋市的前身）苏丹雇佣为金矿工人，后来造反和控制及接管该金矿的经营权。……华人的活动不只是限于采矿。在此之前很久他们小股地来到加里曼丹，但是后来停止。他们到来时没有携带妻室，后来与达雅族女子结婚和繁衍子孙。他们带来的风俗习惯和他们所掌握的知识，开辟广大农田，种植胡椒和各种蔬菜。”③

山口洋另一部分客家人，是 100 多年前（19 世纪末期至 20 世纪初期）从广东海陆丰一带迁移到此的客家移民及其后裔，这部分客家人与潮汕地区的潮州人一起来到西加里曼丹，然后在这里定居下来。这部分人到这里定居的时间比前者要短，而且主要是从事农业和渔业，因为后来迁移到此的华人妇女慢慢多起来，华人中的男女比例逐步正常，于是，这一部分客家人多是族内通婚。上述两部分人，也就是后来一些学者所说的土生华人与新客华人的区别，前者多为土生华人，后者多为新客华人。

家在坤甸的一位华人企业家黄炳强先生对上述两部分客家人做了精辟的分析，笔者认为不无道理，黄先生认为：“梅县一带客家人来西加的时间比较早，大约 200—300 年前，客家人大批涌到这里开矿，大部分是当矿工、做苦力，即当时梅县人罗芳伯所开设的兰芳公司以及一批叫其他名字的类似的公司，仅罗芳

① 刘伯奎：《19 世纪砂拉越华工公司兴亡史》，（出版者不详），1990 年，第 7 页。

② 陈俊利：《西加风情》，雅加达：赤道基金会，2011 年，第 115 页。

③ 许天堂著，周南京译：《政治漩涡中的华人》，香港：香港社会科学出版社有限公司，2004 年，第 188 页。

伯一家公司就有3万多人。那时候也没有中国女人到这里，这么多男人需要老婆，怎么办，就找当地女人，主要是达雅族女子，所以，当时客家人很早就与达雅族女子通婚，因为通婚，这里的许多客家人后代已经慢慢地失去了客家人的本色，有很多已经完全融入了达雅族。所以，这里的许多达雅族人像华人，而许多华人又像是达雅族人，这就是早年客家人与当地达雅族人大量通婚的结果。而海陆丰一带的客家人来这里的历史只有100多年，他们最初来到这里多是以种植为主，包括开荒种树胶（橡胶）、胡椒等。因为来西加的时间要短，所以，与前者相比，后者被当地同化的程度要低得多，也就是说，在山口洋市和西加里曼丹其他地区，海陆丰一带的客家人较好地坚守了自己的文化。”①

三、华人家庭变迁

1. 黄锦陵老师

黄锦陵老师是广东陆丰客家人，是爷爷那辈南来西加里曼丹的，他是第三代华人，已经有外孙女了，也就是说，黄家在西加里曼丹已经经历了六代人。黄老师有六个子女，四个女儿和两个儿子。据黄老师说，他是读华校的，华校高中毕业后曾经在一家小学任教，后来发生了1966年的排华事件，军人政府关闭了所有的华文学校，他被迫转行做其他工作，在这几十年时间里，他什么工作都做过。直到1999年恢复华文教育，他又重操旧业，做回了老本行。黄老师有两个女儿都出嫁到了台湾，儿子也在台湾工作。

因为本地太穷，当地很多年轻姑娘都嫁到台湾去当“东南亚新娘”。几年前，我从台湾的统计资料中发现，印尼嫁到台湾的“新娘”数量快速增长，感到有点不可思议，到了西加里曼丹调查之后才恍然大悟，大部分所谓到台湾的“印尼新娘”原来都是客家女子。听坤甸日报社社长陈得时先生说，仅山口洋市一个地方，这几年嫁到台湾去的华人新娘就有上万人。

2. 李绍发先生

李绍发先生在山口洋出生长大，现居住在坤甸市。李先生今年82岁了，身体很健朗，一点都看不出是80岁的老人。李先生是第四代华人，据李先生说，他祖父和父亲都是华人社会的领袖，都做过管理华人事务的官员，② 他祖父曾经

① 2012年2月12日，笔者一行访问坤甸时，黄炳强先生在他的农场接待了我们，这是黄先生与笔者交谈时所说的一段话，由笔者记录整理。

② 在荷兰殖民统治时期，荷兰统治者为了维护其对殖民地的统治，将华人与本地人分而治之，任命一批华人管理华人社会的事务，这些华人官员分为玛腰、甲必丹、佬大和甲太四等，玛腰是华人最高级官员，佬大（相当于村长）是最低级官员。

在山口洋的假师（Jawai）和福律（Kulor）做过佬大，管理华人事务，后来升任鹿邑的甲必丹，其父亲后来也继任这个职务。李先生回忆说，在20世纪40—50年代，山口洋市区的店铺中，99%都是客家人开的，还有少数几家是印度人开的。印尼独立后的第一任副总统哈达在当年视察山口洋市之后曾经说过这样一句话，“我来到山口洋市，就好像到了香港一样”。

李先生小时候家庭比较优裕，在荷兰人办的学校受教育，精通荷兰文、印尼文，华文方面稍差一些，只读过华文学校二年级，虽然中文能够说，但文字能力却不如荷兰文和印尼文。据李先生说，他本人也是在山口洋出生长大，后来搬迁到了坤甸。他现在仍然在做生意，主要是做美国和欧洲等国家的农药代理。

李先生对西加地区的华人文化和历史比较了解，用印尼文写了一本名为“中华文化在西加里曼丹”的小册子。我们在谈到西加里曼丹华人参政时，不能不提到李绍发先生，他敢于第一个吃螃蟹，却未能成功，但他的勇气和胆识更加令人敬佩。李绍发先生谈起他当年参选的经历时，仍然意气风发。李先生回忆道，“在1999年，印尼刚刚实行民主改革，华人也有了参加竞选各种政治职位的权利，但是，在那个时候，很少华人有勇气站出来参选，印尼的历史上，华人参与国家政治生活受到迫害的事件经常发生，令许多华人一提起政治就心有余悸，噤若寒蝉。我当时已经67岁，天主教的大教主劝我出来代表天主教堂参加竞选省议员，我那时也是鼓起勇气出来参与竞选的，虽然没有取得成功，但我很坦然，因为毕竟我是最早站出来的一位华人，我不在乎是否成功，关键在于我为其他华人，尤其是为年轻华人做出了榜样，起了一个带头的作用”。[①] 在2004年，李先生又积极参加了地方代表理事会议员的竞选，仍然没有取得成功。笔者认为，李绍发先生虽败犹荣，是改革开放时代印尼华人参政的先驱，是海外华人学习的榜样。

四、华人宗教信仰和习俗

听当地人说，山口洋市及其周边有华人各种各样的寺庙1 000多座，每几十米就一定会看到一座寺庙，规模有大有小，所以，山口洋市又有“千庙之城”的称号。也有人更正说实际上没有那么多，只有700多座。市内每条街道、各个角落，都分布着各式各样的寺庙，这里的客家人宗教信仰也是非常多元化的，包括佛教、道教、孔教等华人传统宗教。

在当地客家人供奉的各种寺庙中，供奉大伯公的中央伯公庙是最重要的一座

① 2012年2月12日上午，笔者一行四人在访问坤甸期间，应邀到李绍发先生家做客，李先生向我们畅谈其人生经历和当年参政的过程，这是一位令人肃然起敬的老人。

寺庙。位于市中心的大伯公庙，是本地历史最悠久的华人道教寺庙，已有200多年的历史，它供奉的是土地公，这是客家人供奉的最重要的神，因而这座大伯公庙终日烟雾弥漫，香火旺盛。地方政府已经将这座大伯公庙定为文物保护单位，是山口洋市的地标性建筑，也是山口洋市发展的历史见证。到山口洋旅游的人都要到这里看看，烧几炷香，拜一拜大伯公。①

华人基本上是多神主义，只要自己认为有用的神，都可以供奉，都可以顶礼膜拜，这里的客家人也一样，他们在市郊的卢万山建了一座三教佛堂。在这个佛堂里，儒、释、道诸神被摆到一起，诸神都受到华人信徒的崇拜，诸神在这里也相安无事，和睦相处。据当地人介绍，这座寺院建于1915年，曾经三次搬迁，但每次都是在这附近的地方，寺院前面是一条腾空飞舞的巨龙雕像。宏大的寺院、巨龙塑像和美丽山景的结合，使这里成为一个吸引游客的地方，每天除了前来烧香的大量信徒之外，还有许多观光客。

山口洋市的华人也有不少信仰基督教和天主教，约占华人的20%。

华人传统节日春节和元宵节是山口洋市一年中最重要的节日。在山口洋，每年从农历腊月三十日晚上就开始闹春节和元宵，当地华人在几个月前就成立了元宵筹备组，为了准备这半个月的庆祝活动。三十日晚上，为时半个月的春节元宵庆祝活动正式拉开序幕，由市长讲话，然后开始各种活动。正月十四日举行闭幕式，还是由市长出席并讲话。正月十五日，举行元宵大游行。全国各地慕名前来观看的游客不下万人，这几天当地的旅店生意最好，天天爆满，酒店价格翻番甚至还订不到房。

五、华文学校和华文教育

目前全山口洋市有20家华文补习学校，都是很艰难地生存和运作，基本上处于亏损经营，幸亏有热心华文教育的华人社团和企业主支持。如下两所学校是规模比较大的学校：

新光明华文实习学校，有100多名学生，校舍原来设在济公庙，因为太嘈

① 大伯公是谁，是否客家人专门祀奉的神，它是怎样流传到东南亚的？这些问题在学者之间有广泛的争论，笔者的一位马来西亚朋友郑永美先生曾经专门撰写文章进行考证，他在《大伯公考》一文中写道："有关大伯公的争论，众说纷纭，莫衷一是。唯可归纳为纯神说、人神说两大类。纯神说又有伯公、土地公、福德正神、土地龙神、并肩战斗门口土地财神、五方五土龙神、虎神、后土神、社神、大土地神等说法；人神说亦可分成地神（张理、丘兆进、马福春）、本头公（白本头、燕子浪青）、水神（番舶主都纲、都公、拏公、托公、大舶公）、财神（赵玄坛）、过番神（吴太伯、吴仲雍）、开山治水神（伯益）、先锋神（罗芳伯）。"笔者比较赞同巴素（Victor Purcel）在《东南亚华侨史》一书中的说法："大伯公不过是华侨先驱的象征，并不如三宝公的确指证为谁，所以无法查根寻究。"

杂，迁移到现在的地方，校舍还算可以，占地有 10 多亩，有 5 间大课室，课室的摆设很简陋，就是一些桌椅，没有任何现代教学设备。听李校董说，学费是每人每月 45 000 印尼盾，约 40 元人民币，虽然收费不算高，但仍然有不少学生因为家里太贫穷，交不起学费。学校除了收取学费之外，主要还是依靠华人捐资办学，这几年捐款最多的还是新加坡的一家基金会和雅加达的华人。

福律华文补习学校，在山口洋市的郊区，是一个小镇，这是一所比较完善的学校，学生从小学一年级到初中都有，根据学生的华文程度来分班，听说这个补习学校有 200 多名学生，都是附近村庄的农家子弟，比较远的有 10 多公里地。老师基本是本地人，有几位老师还是暨南大学华文学院的毕业生。学费与上一家差不多，每月 4 万印尼盾。

笔者曾经与当地的华文老师黄锦陵先生一起讨论当前的华文教育热潮与二十世纪五六十年代印尼各地的华文教育有什么差别，黄老师是当时山口洋市著名的华文学校——南华中学毕业的，他深有体会地说，两个不同的时代，都是学习华文，但是，差别太大了。当时，我们年轻时学习华文，是为了掌握和学习中华文化。我们身在中国以外的地方，却非常向往中华文化，以作为华人自豪，努力学习华文，那时有一种自豪感和责任感。我们那时学习都是自觉的，争先恐后的。而现在学华文，学生和家长的工具性比较强了，他总结现在学习华文的人有如下五种类型：

一是工具型。即把华文当作一门外语来学习，学好外语以便找一个好的工作。的确，现在中国正在发展成为一个世界大国，中国需要与全世界打交道，学好华文，在海外不愁找不到一个工作。

二是交友型。现在上华文学校是很时髦的事情，少男少女都去上华文学校，一些人为了找朋友，便去上华文学校。

三是被迫型。学生本身不愿意上华文学校，在家长逼迫下不得不来学校读书。当地学习华文，都是业余时间，即每天在国民学校的课程结束之后，才到华文补习学校来学习，与印尼文相比，华文的结构、发音和笔画都复杂得多，许多学生都有畏难情绪。

四是职业取向型。山口洋市是一个以农业为主的社会，工商业不发达，找一份稳定且收入比较高的工作不容易，而当一个华文老师，是一个有吸引力的职业，因此，很多人，尤其是农村的孩子愿意选择读华文补习学校，希望以后从事华文老师的工作。

五是自觉型。即认为我是一个华人，我要学习华文，掌握中华文化，把学好华文、掌握中华文化看作一种使命，这种人当然是有的，但是极少。

六、结语

从以上对印尼山口洋客家人的分析，我们得出以下结论：

1. 华人比较集中且具有特色

西加里曼丹是全印尼华人较为集中聚居的一个省，华人不被看作是外来的少数民族，而是与当地达雅族和马来族拥有同等地位的三大民族之一。西加里曼丹省总人口为400万左右，达雅族占40%，马来人占30%，华人约占20%，其他民族（包括马鲁古族、巽他族等）约占10%。① 历史上这里也发生过一些排华事件，如1966年的“红头事件”②，但总体而言，与其他地区相比，这里的种族关系算是比较好的。据当地人说，在1998年爆发的大规模排华事件中，这里还算是比较平静的，华人并没有受到太大的冲击。正因为这里的民族关系相对比较稳定，听说很多原来已经移居雅加达的华人最近几年又回到坤甸，导致坤甸市的地皮和房屋价格上涨得很厉害。

2. 华人更加顽强地坚守自己的文化

从祖籍地看，华人多数来自中国广东的潮汕地区和客家地区，客家人多来自海丰、陆丰一带，也有一部分来自梅州市各县；潮州人多来自揭阳、潮阳一带。据笔者对东南亚华人中各个方言群的观察，福建人和闽南人比较容易融合于当地社会，而客家人和潮州人是比较难同化的，他们比较顽强地固守自己的文化，比较顽强地坚持讲自己的方言，坚持自己的传统节日习俗等，希望通过方言和传统节日，一代又一代地将自己的文化延续下去。这里的华人流行讲方言、过自己的传统节日，可能与这里的华人社会的职业特点和家庭构成有密切关系。与其他地区的华人社会不同，西加里曼丹的华人仍然以农业、渔业和养殖业为主，这是一个典型的农业社会，除了居住在坤甸市区和山口洋市区的华人以从事工商业为主之外，在这两个市以外的华人多数是农民，从事种植、养殖和捕鱼等工作。与这些职业相关联，这里的华人家庭结构也具有自己的特点，与城市华人核心家庭不同，这里的华人家庭多数仍然是三代同堂的大家庭，正是通过这些大家庭，在祖父和祖母带孙子、孙女的过程中，将方言传授给下一代，这种三代同堂的家庭结

① 在西加里曼丹省究竟有多少华人，这也是一个争议比较多的问题，《赤道基金会九周年纪念特刊》中这样写道：“当前（2006年）西加总人口380万，华族70多万”，按照这个说法，华人占西加总人口的20%左右。西加华人李绍发在与笔者的交谈中认为，西加当前的人口有约400万，达雅族人占40%，马来人占35%，华人占8%12%。

② 苏哈托在1966年上台后，对西加里曼丹采取了种族分化政策，大规模地驱赶在广大农村地区世代居住的华族农民，使他们成为无家可归的难民，造成数万华人流离失所，史称“红头事件”。

构，使中国的客家、潮州方言在这里得以更好地延续下去。

笔者曾经在《变异与保持——东南亚华人的文化适应》一书中指出，在城市的华人社会中，三代同堂的大家庭让位给以父母亲和子女组成的核心家庭，随着这种核心家庭占主导地位，方言也慢慢地消逝与远去。于是，在雅加达、泗水等大城市已经听不到乡音，在西加里曼丹却还到处盛行。到了山口洋市，你到处都可以听到带着陆丰口音的客家话，你会感觉到好像是在广东哪个客家地区，到了坤甸市，你会随处听到带着揭阳口音的潮州话，你会感觉到你好像是在广东揭阳的某个地方，这里的乡音是那么亲切，这里的乡亲是那么热情，这里的村姑是那么美丽动人。

3. 华文教育形势喜人

最近10年，笔者四访印尼，去过爪哇岛各地，包括雅加达、梭罗、泗水、日惹、巴厘等地，外岛则去过苏门答腊岛的苏北省、加里曼丹岛的西加省，虽然是走马观花，但是每次访问，笔者都把当地的华文教育作为重点考察的对象。西加里曼丹的华文教育起步早，又有一批热心华文教育的华社人士，加上该地区华人人口也相对比较集中，因此，华文教育在全印尼也算是比较好的。笔者在前文中谈到，仅在山口洋市，就有20家颇具规模的华文补习学校，开始时以20世纪50—60年代上过华校的老一辈华人担任老师，也从中国请来一批志愿者，然后培养了一批本地的青年老师，西加的华文教育就这样滚雪球般地发展起来。

发展华文教育，除了热情之外，还需要经济实力，而西加地区基本上还是农业社会，大部分华人都比较贫穷，要依靠自身的力量发展华文教育存在较大的困难。这时当年从西加地区移民到海内外的华人发挥了关键性的作用。与所有国家的城市化和工业化过程中的现象一样，这里的华人社会的流动性很大。西加华人移民到印尼其他大城市的人口也有70万左右。这些移民到海内外的华人对自己生长的西加存有感情，也有一定的经济实力，他们以各种方式支持家乡的华文教育，其中以赤道基金会发挥了最重要的作用。“1997年，来自赤道线上的西加乡亲，成立了赤道基金会。90位创立人集资购买了会所，制定了章程。为了追求理想，实现抱负，‘赤道魂’把大家凝聚在一起，因为异地重逢，大家倍感乡谊的可贵，更由于乡缘的牵引，对家乡的现状尤其关怀。”[①] 据该会主席丘一凡说，“该基金会成立后积极推动家乡的扶贫助学教育工程，仅在2005—2006年两年时间内，已经发放资金资助西加地区十几所华文补习学校的240多位贫困学生就

① 刘乃文：《继往开来，与时俱进》，载《赤道基金会九周年纪念特刊》，雅加达：赤道基金会编辑出版，2006年，第7页。

学，并资助扩建校舍与重点师资的培训工作”。[①] 赤道基金会成立之后，把发动乡亲们捐献扶贫教育经费作为一项重要工作，这项工作也得到了广大旅居海内外的西加乡亲的热烈响应，他们踊跃捐献，真正做到有钱出钱，有力出力。

4. 华人参政热情更高

与其他地区相比，西加里曼丹的华人对参政有更多的热情，收获也更多。我们拜会了山口洋市议会议长蔡萃媚女士和坤甸市议会议长刘健源先生，亲身体会到这里的华人对政治的热心和参与。印尼国家的民主改革为华人参政提供了前所未有的机遇，这里的华人紧紧抓住这个机遇不放，为其他地区的华人参政树立了榜样。目前，西加里曼丹省华人参政的局面一派大好，涌现出如下一些华人政治家：国会议员叶锦标、林瑞强[②]，西加里曼丹省副省长黄汉山，坤甸市议会议长刘健源，山口洋市市长黄少凡，山口洋市议会正副议长蔡萃媚、黄振能，在坤甸市议会45位议员中，有7位华人议员，在山口洋市25位市议员中有7位华人议员，三发县有2位华人议员。

5. 山口洋的华人与爪哇地区的华人的不同之处

据笔者的观察，山口洋市的华人的确与爪哇地区的华人有较大的差别，具体表现在如下：这里的华人和当地友族之间的贫富悬殊并没有爪哇地区那么明显。这里的华人也种田、当三轮车夫，或者做其他苦力，而在爪哇，特别是在雅加达，华人都是开着奔驰、宝马，西装革履的老板；在这里，华人的文化与当地民族的文化融为一体，和睦相处。山口洋虽然是一个以华人为主的城市，但是，华人并不排斥其他民族，各民族之间的文化交流非常频繁。“现在随着社会的发展进步，山口洋并没有排斥达雅族和马来族等其他民族的文化，真正做到了文化的融合。虽然华族是大多数族群，但他们跟其他族群可以融洽和睦相处，相互弥补各自的不足。在这里，华人当三轮车夫，或者在街道旁边摆地摊，并不是什么奇怪的事情……在山口洋，你会看到操一口流利客家方言的马来族，因为客家方言是此地主要的交际语言，四处都可以听到人们用客家方言交谈。”“红灯笼、寺庙和清真寺彼此相邻。山口洋是三大部族即华族、达雅族和马来族的聚集地，为保障这座城市不致混乱，部族之间的和谐和相互忍让是必要的先决条件。各种庆典（包括宗教的）能够顺利、相安无事地举行，显示了这座城市的居民之间和谐与相互忍让的精神。”[③]

---

① 刘乃文：《继往开来，与时俱进》，载《赤道基金会九周年纪念特刊》，雅加达：赤道基金会编辑出版，2006年，第6页。

② 以西加里曼丹为选区参与竞选而产生的印尼国会议员，他们均为印尼民主党派出的代表。

③ 陈俊利：《西加风情》，雅加达：赤道基金会，2011年，第96－97页、103页。

印尼华人社团的在地化初探

郑一省①

与东南亚其他国家的华人社会一样，印尼华人社团经历了曲折的发展过程，从“二战”前的500多个，发展到20世纪50年代中期的2 100多个。② 在苏哈托执政时期，印尼华人社团作为华人社会的三大支柱之一受到打压，除以少数基金会为主的华人团体保留外，还残存一些姓氏（宗族）和慈善等社团。1998年苏哈托下台后，印尼进入民主改革的转型阶段，由于接任的哈比比政府解除了党禁，政治环境比以前宽松。从1999年10月瓦希德当选总统，一直到梅加瓦蒂、苏西诺上台执政以来，各届政府实行多元文化和多元民族方针，为华人社团的复苏和发展提供了良好的条件和空间，各地华人社团如雨后春笋般大量涌现。据不完全统计，目前全印尼的华人社团有700多个。③ 其中，以印尼某些地域或某些学校命名的华人社团不断产生，成为当代印尼华人社团的一个特殊现象。

一、印尼华人在地化社团的类型与特点

有关印尼华人的在地化社团何时出现，由于目前调查尚未深入，所以不能获得准确的信息。不过，从一些在地化华人社团的历史资料来看，大多是在20世纪80—90年代产生。例如，以坤甸地方特色命名的“赤道基金会”④，便诞生于1998年。赤道基金会的一位创立人在选举第五届监事领导人时这样回忆道：“‘赤道’这个由西加里曼丹旅居雅加达的人士，以高度的热心组成的团体，从开始第一个活动算起，经历了十五个年头。首次的活动是筹备举行西加乡亲演唱会。当时是1995年，还是新秩序执政时期，仍禁止华人集会结社，有时在家招待客人，超过十人时，也担心会被警察追究，何况要召集上千人的集体活动呢。”

也是时机恰巧，正当西加一群乡亲跃跃欲试筹备演唱会，欲行又止之际，恰

① 郑一省，广西民族大学民族学与社会学学院教授。

② 黄昆章：《印尼华侨华人史（1950至2004年）》，广州：广东高等教育出版社，2005年，第49页。

③ 印尼华裔总会：《印尼华人概况》，（内部资料），2010年。

④ 赤道基金会的名称是按照坤甸的地理特征命名的。坤甸由于处于赤道线上，被称为赤道之地。

逢印度尼西亚建国五十周年金禧之年，新秩序政府宣布开放给各阶层人士筹组庆祝活动。这群热心人士雀跃而起，毅然组织庆祝单位。参加工作的义工竟达 100 多人。当时，位于加者玛达大厦内的沁园大酒店（今 Millenium 大酒楼），特别提供会议室作为监事会所开会之地。从此，以“赤道之音”为名的演唱会于 1995 年实现了心愿。1996—1997 年，在苏第约诺少将监护下，再次在沁园大酒店演出成功，均获得乡亲们热烈的支持和参与。1997 年第二次演出后，乡亲们即开始筹备组织合法社团，获得 91 位西加各地知名人士参加，捐资创立了“赤道基金会”。1998 年印尼民主改革后立案于公正人事事务所，于 1999 年 9 月 19 日举行会所典礼。从此西加旅椰人士，有了“乡亲之家”，写下了赤道基金会历史篇章，为西加旅椰乡亲们构建了回馈家乡、疏导福利的渠道。①

从这位监事人的回忆来看，印尼华人在地化的社团成立也经历了曲折的过程。在 20 世纪 90 年代，印尼与中国的关系逐渐恢复，特别是自苏哈托下台后印尼的民主化进程加快以后，当地华人的生存空间渐入正轨，多种因素促使了包括印尼华人在地化社团的产生与发展。

与传统的社团相比，印尼华人的在地化社团既有与传统社团类似的地方，也有不同之处。传统的印尼华人社团，其名称是以华侨的原乡而命名的，如印尼福建社团联谊总会共有 15 个成员，其分别是南安同乡联谊会、晋江同乡会、永春同乡联谊会、印尼许氏宗亲总会、永定会馆、福清公会、金门互助基金会、印尼安溪福利基金会、东方音乐基金会、龙岩同乡会、吉祥山基金会（福州同乡会）、兴安会馆、同安互助基金会、印尼林氏宗亲联谊会、印尼惠安同乡联谊会。这个福建社团联谊总会包括了一些宗亲会，但主要是以原籍福建各市县命名的同乡会。

与传统的印尼华侨华人社团不同的是，在地化印尼华人社团主要是以当地某区域的名称而建立的。从在地化印尼华人社团来看，其大致分为三种类型，即同乡会、校友会和基金会。这几种类型的在地化华人社团，既与传统华人社团有一些共性，也有其各自的特点。

同乡会，是较能反映华人社团在地化特征的组织。同乡会是以地缘为主要联系纽带而形成的社团。这种同乡会，与以往华侨所成立的同乡会有很大的区别，它不是以早期华侨原乡为名称，而是以当今华人所出生或居住的印尼某地域或地方的名称而命名。例如，邦加同乡会、孟加映同乡会、三发旅椰乡亲互助会、锡江旅椰乡亲联谊会、雅加达先达同乡联谊会、苏北丁宜旅椰同乡会等。

这里的社团，大多数属于移民社团。换句话说，这种社团的建立似乎是“复

① 2010 年 7 月 20 日，笔者在雅加达对赤道基金会创办人陈某的访谈录。

制”了华人先辈建立社团的模式，即由一些从不同地域移植到一个城市的老乡们建立。不过，这种同乡会并非以中国某地域的地名，而是以当今印尼华人在其出生地域或居住的地名而命名的。这类同乡会一个较为显著的特点，即大多是在雅加达或其他城市而建立的，是外岛华人移民该地的产物，这种在地化社团有许多被冠以“旅椰（雅）[①]”。地域细分化也是这类在地化华人社团的另一个特点，许多社团不仅代表某一个大区域的组织，而且代表着许多的很小地域单位的组织，比如坤甸新埠头旅椰同乡会，它其实是坤甸某一个地区新旧商业区（居民区）的别称。在雅加达，有许多是从亚齐地区各市县迁移过来的亚齐华人，他们迁来后成立了一个总的社团，即亚齐旅椰同乡会，其下属的分社团有美拉务旅椰同乡会、大亚齐旅椰同乡会、美仑马当旅椰同乡会、打吉岸旅椰同乡会、司马威旅椰同乡会、鹿树昆旅椰同乡会、怡里旅椰同乡会、冷沙旅椰同乡会和瓜拉新邦旅椰同乡会。

校友会，是以学缘为联系而成立的社团，这类在地化社团比较多，应该占在地化华人社团的大部分。它是当今华人为了纪念以前在印尼各地读书时的华文学校，联合在这所学校读书的校友而建立起来的社团。比如，巴中校友会、旅雅玛中校友联谊会、振强一家校友会、八华校友会、侨众校友会、新华校友会、中华中学校友会、中公校友会等。

这类社团的特点，一是在印尼各地都有分布，但主要是集中在雅加达，其很大一部分是属于外岛移民社团[②]，许多这类社团也被冠以“旅椰”（雅）[③]；二是这类社团大多数是纪念苏哈托执政时期被查封或取缔的华文学校而建立起来的，比如，雅加达八华校友会成立于2001年。八华学校是印尼最早、也最有影响的一所华文学校，由印尼中华会馆创立于1901年，最早叫中华学校。1905年，印尼华人李登辉创办的英文学校并入中华学校，成为印尼最早的一所中英双语学校，因为学校位于八帝贯街，所以1905年易名为八华学校，后一直沿用。八华校友会成立后，直接推动了后来八华学校在2008年的成功复办。[④]

除了以印尼某地方或学校命名的同乡会和校友会外，还有一些以印尼某地域特征命名的基金会，它们也是印尼华人在地化社团的组织。这种社团的建立可以分为三类，一类是以某地域的特征而建立起来的组织，如赤道基金会、万隆渤良安福利基金会、万隆圣光道观基金会等就是这种类型。比如，赤道基金会其实是

---

① 当地华人一般称雅加达为“椰加达”“雅京”。

② 在印尼，一般将爪哇岛以外的地区都称为外岛，即非爪哇文化影响的地区。

③ 旅椰（雅），是指旅居（住）雅加达的华人。

④ 施雪琴：《印尼华文教学的发展现状：基于雅加达三语学校的调研分析》，《八桂侨刊》2015年第2期。

迁移至雅加达的加里曼丹坤甸华人组织的。之所以要取名赤道基金会，是因为坤甸刚好是赤道经过的地方。在现今的坤甸，还专门建立了一座赤道线纪念馆，向世人开放。除了这类基金会外，还有一些是以某地域的宗教或养老院场所命名的，比如万隆渤良安福利基金会、万隆圣光道观基金会、三宝垄万福宫基金会和勿拉湾老武汉德慈善（老人院）基金会等。

另一类是在当地华人庙宇基础上建立的基金会。这类基金会，在在地化华人社团中占有较大的比例。这类基金会庙宇都是在印尼本地兴建起来的，它在华人社会中发挥着文化中心的作用。除了以某地域特征和以当地庙宇建立的基金会外，还有一种是以校友会为基础建立的基金会，如 CAHAYA SAKTI 基金会，它是在雅加达中华中学的基础上建立的。这所学校创办于 1939 年 6 月 12 日，后于 1965 年被迫关闭。1980 年，该校原来的几位学生与老师商议共同出资创办了 CAHAYA SAKTI 基金会，成立了常务理事会，并推动着中华中学的重新复办。①

二、印尼华人在地化社团的功能与跨国网络

在人类的社会生活中，为了实现和维护自身利益，人们有组织地参与各种社会活动而形成各式各样的社会团体。社团是人类社会的交流与互动现象，是人类社会体系或结构的重要组成部分。在现代社会，随着人类社会利益的分化、复杂化、多样化，以及应对自然或人类社会本身的各种挑战，人类之间的交流与互动得以加快，社团得到较大发展，其功能日益凸现，社团的跨国网络得以形成与扩张。

（一）印尼华人在地化社团的功能

功能主义人类学认为，功能是一种需要，特别是对于人类社会的文化，它作为人类所需要的催生物，其主要的功能就是满足人类的基本需要与衍生的需求。② 与传统华侨华人社团一样，在地化华人社团的功能也十分广泛，除了为同乡同窗人士提供福利和教育上的帮助之外，还十分关注社会的自然灾害及民众的疾苦。

1. 向同乡同窗提供福利和教育等方面的帮助

为同乡提供福利和教育等方面的帮助，是在地化华人社团与传统华人社团的一个共同点，作为在地化的华人同乡社团，最重要的也是关心其同乡的福利。例

---

① CAHAYA SAKTI 基金会编：《CAHAYA SAKTI 基金会成立十周年特刊》，1991 年印，第 5 页。

② 王铭铭：《西方人类学名著提要》，南昌：江西人民出版社，2004 年，第 445 页。

如，锡江旅椰乡亲联谊会成立以来，除了联络乡亲、加强团结、互助互爱之外，还捐赠孤老院和给华人贫困学生提供助学金等。2015 年 3 月 28 日上午，锡江旅椰乡亲联谊会银会近百名会员回到故乡，前往锡江 Pangamasean 爱心孤儿院及老人院慰问孤老，给老人和孩子们送去了善款、纱笼、浴巾、文具、玩具、食物等必需品。①

在教育方面，在地化华人社团投入了大量的精力去关怀下一代的成长。赤道基金会建立后，一直对本社团同乡子女的教育十分重视。从 2004 年起，赤道基金会启动了扶贫教育工程。除了颁发助学金，也支持修建华文补习所，带动各乡里兴建华文教学校舍。赤道基金会还根据实际，提出了“国文精深化，华文普及化”的理念，从原定只资助九年基础教育，发展到同时推行资助高校奖学金的方案，资助学生的人数逐年增加。2004 年至 2011 年，赤道基金会扶贫教育受惠生总数达 4 223 人，其中 2004 年为 119 人，2005 年为 176 人，2006 年为 498 人，2007 年为 544 人，2008 年为 762 人，2009 年为 60 人，2010 年为 763 人。② 2008 年，基金会再度推出高校助学金纲领，至 2011 年在读大学学生有 39 人，毕业生有 60 人。此外，基金会历年都有派赴中国进修汉语，包括友族的师资学生。③

除了在教育上投入外，一些在地化的华人社团还出资修建了体育馆等设施，并发起组织各种运动队，关心华人子弟的健康问题。比如，冷沙旅棉同乡联谊会建立了沙哈里（Sahari）篮球队，经常组织各种赛事。2013 年 7 月 13 日至 25 日，冷沙旅棉同乡联谊会在民礼路 12 公里处 Purwodadi 村沙哈里篮球场举办了第二届陈金扬青少年组及乐龄组篮球赛，球赛共分两组，一为青少年组（18 岁以下），共十队，即①沙哈里；②苏多摩队；③EkaPrasetya；④WahidinXYZ 队；⑤卫理队；⑥美达队；⑦MMCMegaMas 队；⑧PopNas 队；⑨CSP 队；⑩鹅城队。二为乐龄组（45 岁以上），共四队，即①沙哈里队；②CemaraAsri 队；③鹅城队；④Morning 队。这次比赛吸引了包括民礼及棉兰约 600 名球迷前往观赛。苏北体委 KONI 主席 H. Gusirawan 在致辞中对于冷沙旅棉乡亲团结与合作而建立起一座巍峨壮观之篮球体育馆，造福了当地村民而使村民有了正当活动之场所表示高度赞扬及衷心感激，希望通过本届篮球赛而提高球技水平，在明年举办更大规模之球赛，取得良好成绩再进军全国运动大会。④

2. *参与当地社会的济贫救灾活动*

在地化华人社团由于诞生在当地，其较为主动地走出华人社会的小圈子，积

① 《心怀家乡，情系孤老》，《国际日报》，2015 年 3 月 31 日。
② 《赤道基金会扶贫教育工程 2010 年报告书》，2010 年 12 月印。
③ 《赤道基金会高校助学金纲领硕果累累》，《国际日报》，2011 年 12 月 17 日.
④ 《沙哈里篮球队举办第二届 GUSIRAWAN 杯十队篮球赛》，《国际日报》，2012 年 8 月 7 日。

极地参与面向当地国社会的济贫救灾活动，从而有效地增进了民族情感与民族之间的和谐。

2002 年西加里曼丹各地发生严重水灾，西加旅椰各社团、乡亲会、同学会在赤道基金会和山口洋同乡会统筹下联合进行赈灾工作。在西加各地社团负责人的协助下，及时把救灾物品送至各灾区赈救灾民。救灾结束后，于 2003 年 3 月初在赤道基金会所成立了西加旅椰乡亲赈灾委员会，当时推选官德添、黄石和、陈绍秋三人共同负责执行工作，各方人士捐来的赈款，交给赤道基金会保管，若有天灾将及时援助。2004 年 2 月 2 日，赈灾委员会召开年会，报告财政收支及讨论西加三发地区发生水灾问题。当时得到孟加映乡亲理事会报告及三发县县长电传通知该地灾情严重，受灾地区有六个乡镇、三十个乡村，灾民计有5 944 户，赈灾委员会即日决定，透过三发旅椰互助会经手委托三发互助会负责人进行实地了解，然后由三位理事人共同决定从 2003 年的救灾款中拨出 2 500 万盾，交三发市互助会购买十吨大米给三发县政府发放给灾民。①

自 2010 年起，锡纳朋火山反复喷发，迫使当地受灾居民到收容所避难。马达山同乡联谊会自火山爆发一开始，即发起组织了一个“锡纳朋关爱行动小组”与当地的一些华人社团联袂前往卡罗县 9 个灾民收容所分发赈灾物资，包括大米、食用油、咸鱼、蒜头、辣椒酱、酱油以及现金。2014 年 12 月，锡纳朋火山再度爆发，马达山同乡联谊会主席黄耀汉呼吁雅加达和苏北各界人士继续为锡纳朋火山灾民提供援助，直到火山喷发停息为止。他阐明，分发给锡纳朋火山灾民的援助物资来自关心灾民困境的雅加达社会人士和旅居雅加达的苏北各界人士，其中包括企业家、社团和宗教界名流。据统计，马达山同乡联谊会、警方和卡罗社群协会被信托统筹收集和分发援助物资，总值 3.75 亿盾的援助物资包括 2 亿盾的生活必需品和洗浴用品，以及 1.75 亿盾的现金。②

为了解决灾民子女的上学问题，马达山同乡联谊会和警方联手在卡罗县一些受灾村庄建立了学习之家。自 2015 年 1 月开始推广以来，广受当地民众赞赏，使得还未建立学习之家的地区也表现出强烈的期待。身为马达山同乡联谊会，也是卡罗社群协会（HMKI）成员的黄耀汉认为，继续为学龄儿童提供教育是我们大家共同的责任，特别是受灾地区的儿童，无论灾情多么严重，他们还是应该接受教育。③

---

① 《三发大水 30 村受淹，西加旅椰乡亲赈灾委员会买 10 吨大米援助》，《国际日报》，2004 年 2 月 5 日。

② 《马达山同乡会再度向锡纳朋灾民伸出援手》，《国际日报》，2014 年 12 月 5 日。

③ 《警方全力支持在锡纳朋灾区推广学习之家》，《国际日报》，2015 年 6 月 19 日。

（二）印尼华人在地化社团的跨国网络

在当今世界，社团的国际性整合与环球化的趋势方兴未艾，成为主导当代海外华人社会发展的一个重要潮流。与传统的华人社团一样，在地化的印尼华人也将社团的国际化视为一种维系地域文化认同，扩展自己的商业与社会网络的新机会。

许多在地化的印尼华人社团，利用互联网的技术，建立了海内外的联系，或经常召开国际性的联谊会议，加强乡谊和同窗之谊，扩大关系网络。2009 年 10 月 3 日，印尼苏北先达先华校友会在雅加达成立之际，邀请了来自香港、先达、雅加达、泗水、棉兰、楠榜、巴谭、巨港等地 700 余名校友，呼吁全体先华校友发扬母校精神，和谐团结，与全体先达人肩并肩，为家乡先达教育事业作出贡献。

2012 年，印尼苏北先达同乡联谊会和苏北先达先华校友会与其他先达人社团共同组织发起了“2012 年先达人相聚北京”活动，该次盛会在北京国际饭店顺利召开，600 多位来自世界各地的先达乡亲欢聚一堂，聚首谈心，加深理解，增强友情。① 2015 年 3 月 22 日，印尼苏北先达同乡联谊会筹委会在雅加达太阳城国际大酒楼隆重举行“2015 年世界先达人相聚雅加达”庆典活动，这次庆典主题为“先达一家亲”。出席者有原总统顾问、外交部中东事务司希拉拉希将军（退休），先达市长代表威斯里等嘉宾及来自美国、加拿大、澳大利亚、中国内地、中国香港、中国台湾及印尼各地区先达乡亲 1 200 多人。②

长期以来，印尼邦加华人之间感情的纽带主要在于血缘、情缘。以前，他们习惯于传统的血缘、地缘和业缘组织，如福建会馆、客家会馆、潮州会馆、广肇会馆等，这些会馆对邦加地区的华侨华人起了团结的重要作用。随着邦加华人逐渐融入当地社会，除了以前的传统社团外也出现了许多在地化的社团。这些在地化的社团既有属地邦加岛内的在地化社团，也有印尼其他地方，以及世界各地邦加华裔组成的冠以“邦加”名称的社团，这些被冠以“邦加”名称的在地化社团有校友会、同乡联谊会以及各种基金会等，构成了一个连接世界各地的邦加华人及其后裔的社会网络。

---

① 《2012 年先达人相聚北京　活动在京举行》，http：//www. bjql. org. cn/tabid/100/InfoID/773/frtid/73/Default. aspx。

② 《世界先达人相聚雅加达“先达一家亲”》，《国际日报》，2015 年 3 月 23 日。

印尼邦加华人的在地化社团网络构成大致分为两类，一类是在中国港澳台地区的校友会，以及北京邦加校友会，天津邦加校友会，上海邦加校友会，广州邦加校友会，厦门、泉州、漳州邦加校友会及各地邦加归侨侨眷联谊小组。建构这些校友会的大多数是不同时期从印尼邦加回到中国的归侨，他们以互助之精神，谋求同乡之团结，促桑梓之公益，护侨友之权益为目的，成为在地化邦加华人社团网络在中国大陆及港澳台地区的节点。另一类是属地邦加岛内及印尼、世界各地城镇由邦加华裔组成的在地化社团。其中，有邦加岛内各地城镇组织的校友会、同乡联谊会、各种基金会等，还有岛外的一批旅雅邦加同乡联谊会、旅雅邦加烈华校友会及印尼、世界各地城市的邦加人的团体组织。这些组织是当前世界各地密切联系邦加人（华裔）的“连心桥”，是在地化邦加华人社团至关重要的节点。无论是在印尼邦加及印尼其他地区的邦加同乡联谊会、校友会，还是分布在世界各地的邦加同乡联谊会、校友会成员，首先都不约而同地出现了知识、职业、性别、爱好、信仰、职能等不同标准和认识的变化，使这些社团的活动更趋活跃，也从侧面反映了邦加华侨华人生活方式与本地区社会认同的多样化。其次，在地化邦加华人社团之间的联系更加密切，功能愈加广泛。许多邦加华人希望在日新月异的世界潮流中，增加自身团结，扩大联系面，以求在地区、国家乃至国际事务中发挥更大的作用。在地化的邦加华人社团在联络乡情乡谊、促进乡

亲福利、推广文化教育、兴办慈善事业的基础上，增强了要求发展促进经贸联系及增加互通商业信息的共识，从事各种经济活动，以提高邦加华人自身的经济和社会地位。①

从印尼华人的在地化社团来看，这种共有的在地化的地域、历史、文化与相同的背景，成为维系当代印尼华人（华裔）的一个共同纽带。而印尼在地化社团在全国，乃至国家间建构一种跨国网络，开展世界性联谊活动，它们“通过强调某个特定的方言或地缘群体的特殊性以及有关的文化活动，则为世界各地的同乡同宗们提供了一个重温并强化这种群体意识的机会”②。

三、结语

印尼华人社团的在地化，实际上是印尼华人多重认同或叠合性认同的充分体现。自“二战”后，特别是印尼苏哈托上台实施了对印尼华人的强制同化政策，再则随着印尼华人融入主流社会意识增强，已实现了从华侨社会向华人社会的转变，印尼华人在地化程度加深，地域认同与文化认同发生了较大的变化。

地域是一个广阔的概念，它不仅包括人们生活的自然居所，还包含发生在该地方的社会历史与文化等。地域认同不单是对居住地的认同，更多的是以文化为载体附着在空间的一种意义认知，是一种归属感。地域认同是“一种心理地理学概念，是一种移民对地域的感知，这种感知不是空间本身的作用力的结果，是移民对地理空间的亲近力；这种亲近力是由于移民在一定空间中具有个体经历、亲人、生存机会、社会网络等归属感元素或者变量而对地理空间产生的一种感知”③。由于印尼华人融入主流社会的进程加快，特别是对于生于斯、长于斯的印尼华人而言，他们对中国祖籍地的记忆或只是祖辈们对他们的告诫只停留在他们的口头上，实质上对他们来说只是一个遥远或模糊的印象，因此那种以中国祖籍地为基础的旧式同乡会或宗亲会等组织在他们看来，其重要性便日趋下降了，而他们目前出生和成长地方的一草一木，才是他们向往的心仪之地。同时，因移居历史、文化传统和族群构成的差异，以及散居地域明显的差异性，印尼华人往往被贴上了爪哇华人、棉兰华人、坤甸华人、邦加华人等地域标签。受到在地属性分化的影响，华人为保护各自族群利益的“在地化”组织便诞生了。

① 汤永龄、凌彰、李新云等：《魂牵梦绕的故乡——邦加岛》，北京：中国友谊出版公司，2004 年，第 219 – 221 页。

② 刘宏：《海外华人社团的国际化：动力 · 作用 · 前景》，《华侨华人历史研究》1998 年第 1 期。

③ 周聿峨、余彬：《东南亚华人地域认同的历史和未来》，《暨南学报》（哲学社会科学版）2009 年第 2 期。

华人文化传承

沙捞越华人宗族社会组织结构与形态[①]

田英成

沙捞越是马来西亚土地面积最大的一州，与马来半岛的土地面积相近，人口仅有230万，可谓地广人稀。早年华族移民来自闽粤两省，迄今约60万人。华人的后代迄今仍在这块土地上勤劳作息，努力求生存求进步。各种地缘、血缘、业缘社团组织为团结族人而相继成立。宗族组织（宗亲会）分布在沙捞越三大省份间，与地缘组织并存，形成华人社会一大特色。

宗亲会是以同宗为基础结合而成的社团组织，它像同乡会（地缘组织）一样存在于早年中国的都市和海外的华人社会中。就宗亲会与同乡会来说，一个地区的同乡人口往往比宗亲会人口来得多。同乡人口操用相近的方言，而宗亲人口可能来自许多不同的籍贯，但在血缘上则较为亲近。因此，在传统的中国城市，常见的还是地缘的会馆居多，在东南亚国家也是如此。大型的同乡会馆，会员多、组织大，拥有更多的资产。宗亲会则是晚近才普遍化的一种团体组织。以沙捞越来说，广惠肇会馆在1853年成立，潮州公会与福建会馆于稍后也相继成立。但最早成立的宗亲会，即古晋梅山公所沈氏公会，则迟至1933年才成立，而田氏公会在1949年成立。这是古晋最早的宗亲组织。在古晋，梅山沈氏与田氏以福建诏安籍居多。

宗亲会以崇尚孝道及通过宗亲组织联络宗亲互助为本而兴起，这类宗亲组织显然与中国的宗族制度互为关联。海外宗亲会已形成华人社会组织的一个重要环节，但它的重要性与所发挥的作用，基本上还在地缘性的会馆之下。宗亲源自同宗血族，分布在中国华南地区的闽粤两省，许多村庄是单姓家族，或以某姓为主的家族聚居地。村落是乡村社会的一个主要构成部分。以福建诏安县为例，陈、林、沈、许等大姓，往往形成单姓的一个聚居地。新中国建立后，姓氏混居才逐渐多起来，但也只有少量新聚落为杂姓聚居。

在早年的中国，甚至到了清末民初，乡村中不同姓氏为了争夺田地或某些利益而发生群体械斗。由河南陈盛韶的《问俗录》可以看到漳州和泉州地区的村

① 2015年7月8日，砂拉越华族文化协会与中国暨南大学华侨华人研究院联办的“婆罗洲华人国际学术研讨会”在诗巫市召开，本文乃作者之论文报告。

民以好斗著称。有组织的械斗在福建非常普遍。陈盛韶在《问俗录》卷四写道：在诏安，位于大族附近的小族，“田园种植，须得大族人为看管，方保无虞。其利或十而取一，或十三而取一，名曰包总。否则强抢偷窃，敢怒不敢言。”[①] 另一位学者刘兴唐指出：“首先，弱小宗族的成员不得不小心翼翼，迁就他人。稍有疏忽，即遭毁损。他们无力自保，个人安全没有保证。其次，财产没有保障，可能为人侵占和掠夺。”

早年的中国乡村社会是大族欺辱小族，以致小姓必须团结自保，组成某种乡村团体。而延至海外的华族移民，组成各种地缘与血缘的团体，互助以求存。

中国乡村社会，特别是闽粤两省，村民聚族而居，有其客观因素，例如客家人由于语言、风俗诸方面的差异。当初他们为生存迁徙入闽，为着争夺土地与生存空间，经常与当地先民发生冲突，因而福建的所谓主客之争，一直延续到民国初期。客家人对于血缘家族关系的依赖和重视，形成了极强的家族凝聚力。求生的本能促使人们去寻求得以自保和自卫的力量，而最自然、最易获得保护力量的便是血缘团体。常年的主客之争，也促使福建居民注重聚族而居和发展宗族的势力。

恩格斯曾说过：“同氏族人必须互相援助、保护，特别是在受到外族人伤害时，要帮助报仇——假使一个氏族成员被外族人杀害了，那么被害者的全氏族必须实行血族复仇。”[②] 这种复仇的械斗，在中国旧时的华南地区常有发生。在社会控制不及或脆弱的地方，血缘关系形成宗法制度，进而演变、外化为一种社会秩序。

一、宗族的迁徙

中国传统文化中最重要的人际关系还是血缘，因此宗族往往成为中国社会结构的基础，这一点在闽粤农村尤其重要（Freedman，1958，1966）。一个移民社会要有足够的人口建立宗族，在理论上至少须具备以下两个条件之一：举族迁徙或足够的世代繁衍。[③]

举族迁徙的可能性极小，但近亲族人集体移民则异常普遍。老越廖氏、古晋诏安田氏是明显例子。当然，同乡在移民海外之后，也多有同一方言群同居一地的普遍现象，这种集同乡又同一宗族的聚落，在“二战”前的古晋与诗巫乡镇

① 陈盛韶：《问俗录》，台北：台湾省文献委员会，1997 年，第 40 页。
② 转引自孔永松、李小平：《客家宗族社会》，福州：福建教育出版社，1995 年，第 13 页。
③ 庄英章：《林圯埔》，上海：上海人民出版社，2000 年，第 180 页。

也普遍存在。

沙捞越第二代拉惹查尔斯布洛克在1898年以优惠条件引进一百名客家人［他们是巴色会（Basel Mission）的信徒］，在古晋以南三哩分配土地给他们耕种，至今这批早年的移民后代，仍多居住在该地段。他们的后代，除从事耕种外，有许多是政府公务员、教员等，形成一种职业特色。

在“二战”之前，古晋的诏安人则几乎是集中居住在实加玛地区，他们在这里耕种养殖，少数在市区从商。而田姓族人也集中在这一地区营生。笔者于20世纪60年代末的社会调查显示：如田氏三房与四房近亲居住同一地区非常明显，他们在诏安田厝村互为邻里，移民古晋之后也互相照应。

在沙捞越的边境县镇老越（Lawas），这个县的居民以廖姓居多。在“二战”之前，廖姓占移民群中的六成以上（60多巴仙），“二战”后，特别是60年代末至70年代初，由于拉让江流域乡镇受共产武装活动影响，地区时有戒严，乡镇上的福州籍居民开始大量移居外地，民都鲁、美里、林梦及老越地区出现了大量福州籍华人。虽然如此，迄今老越闽南属的廖姓居民人数仍然偏高。

廖姓移民来自泉州府安溪县，在家乡时或是近亲邻里，联袂移民海外，这样可以互相关照，他们操同样的闽南语，有同样的生活习俗，而在商业营运中可以互相照顾，形成一个海外的宗族社会。

早年海外移民，同族聚居的现象极为普遍，这主要是因为那时的海外，诸如马来半岛或新加坡经济落后，求生困难，人们在生活上不得不依赖同族同宗的互持。郑振满教授在谈论这一现象时指出：清代台湾虽是新开发的移民地区，但同族聚居的现象是相当普遍的。这是因为，在大陆移民渡台之初，为了协同应付复杂的社会生活环境，往往是同乡同族结伴而行，或是先向渡台的同乡同族相互援引，因而从一开始即已形成同乡同族相对集中的趋势。清中叶以后，在一些开发较早的地区，不同祖籍及族姓的移民之间，经常发生械斗，势力较弱的一方往往被迫迁徙到同乡同族人数较多的地区，这就进一步促成了同族聚居规模的扩大。①

二、建立宗祠，修族谱

台湾学者唐美君曾经指出，中国的宗族是世界上少见的亲属组织，其重要特性之一是同时兼有血缘、地缘及“共利”这三种社会组织原则。②

宗族是传统中国社会的核心。宗族制度曾是中国传统社会长期以来的纽带，

① 郑振满：《明清福建家族组织与社会变迁》，北京：中国人民大学出版社，2009年。

② 参见唐美君：《台湾传统的社会结构》，载《台湾史迹源流》，台北：台湾省文献委员会，1981年。

有效地发挥着社会基层组织的作用。族人长期守望相助。早期海外华人社会，家族制度、宗族组织一直延续，在异国他乡生存并取得成功。当中国实行改革开放政策，打开国门的时候，海外宗亲团体纷纷回乡祭祖、寻根，再度加强了宗亲的联系。重修族谱也展现了寻根工作的积极性。

海外的宗族社会构成，基本上溯源自中国宗亲家族，这种血缘上的组织历经数百年的海外社会变迁，对宗族组织成规带来不小的冲击，即使在中国，自新中国成立之后的数十年，宗族社会也不复如“二战”之前的凝聚力，明显的是宗法制度的改变。

宗族组织以建立宗亲会馆、崇奉祖先为主，但海外的宗亲组织少有建立宗祠的。在沙捞越，仅少数几个宗族建有宗祠，如沈氏在古晋及美里皆建有宗祠，在年节时祭拜祖先。田氏则选定一个祖公诞生日（农历五月十九日）作为祭拜祖先的日子。在中国福建诏安田厝村，那是田氏聚居之地。田厝村建有宗祠以备宗亲祭祖。田氏宗祠的对联是：蔴里石沙合一宗而永大，宝和兴盛分四户以连枝。诏安田氏祖辈有四个兄弟，也就是四个房系。他们在田厝村繁衍生息，三房和四房子孙移居到沙捞越者甚多，迄今在沙捞越古晋及美里皆有田氏公会组织，客家惠来田氏族人也参与这一公会组织。在族谱辈分方面，诏安田氏与惠来田氏也都可以清楚联系及分辨。

沙捞越华族人口只有数十万人，但由于南来已历时一百多年，地缘组织与宗族（血缘）组织已相当普遍，即使一些人口不多的姓氏也有组织宗族社团。华南地区的宗族社会在此仍具有明显迹象。

沙捞越众多的宗族社团，其宗族姓氏分别来自哪个省、县，这里简列之：

沈——诏安、潮州、客家。

田——诏安、广东惠来、福州（少数）。

贝——以客家河婆为主。

温——以客家河婆为多。

江——广宁、福州。

方——以福州为多。

蔡——以客家河婆、福建海澄为多，潮籍少许。

陈——陈姓为大姓，来自多籍贯。

刘——来自多籍贯。

许——来自多籍贯。

黄——来自多籍贯。

李——来自多籍贯，以客家为多。

张——来自多籍贯。

符——海南。

廖——以福建安溪为主。

杨——来自多籍贯，以客家为多。

沙捞越宗族组织，依据各种姓氏组织，由单姓组成，单姓中又分开为某一省县的姓氏。如古晋梅山公所沈氏公会，成员乃诏安县人，潮州沈氏公会会员则来自广东省潮州府邑。江夏黄氏公会会员为黄氏人士，但另有组成福建闽清龙峰黄氏公会，会员则是来自福州闽清龙峰乡。但大多数宗亲组织则是来自各省县的同姓氏族。

联宗的宗亲组织在沙捞越的也不少，诸如六桂堂（方、汪、江、翁、龚、洪），古城会馆（刘、关、张、赵），舜祖公会（陈、田、虞、姚、袁、胡、苗）等。

联宗组织，通过多个相联系的姓氏，试图追溯继嗣的古老渊源，以及广阔的婚姻网络，是中国华南地区的另一特色。例如在广东，作为弱小宗族的胡姓和袁姓与陈姓大族的联合是基于他们都是舜帝的后代。而陈、田原本是同系，只是在春秋时代因战乱而分开避难。

三、结语

本文旨在研讨马来西亚沙捞越州的宗族社会与社团组织形态。这一课题迄今仍少有论著。作者在此仅作初步的研究，尚需就此课题对早年中国海外移民的宗族组织，延伸至沙捞越或马来半岛做进一步探索。

沙巴亚庇德教会的跨国活动[①]

石沧金[②]

沙巴亚庇德教会在东南亚德教会中比较活跃，尤其更积极投身于德教会的跨国活动，推动德教会的跨国网络发展。本文主要考察沙巴亚庇德教会的跨国活动及其影响。

一、沙巴亚庇德教会组织简史

目前，在沙巴亚庇有三家德教会组织，它们分别是紫瑞阁、紫和阁、济和善社。

沙巴州亚庇德教会紫瑞阁，1981 年 6 月 14 日（农历辛酉年五月十三日）安炉，传香阁为霹雳州怡保紫缘阁。紫瑞阁师尊殿正前方供奉神祇包括：中间为无极老母，右边依次为关圣（右三）、济公（右二）、吕祖（右一），左边依次为观音（左三）、宋大峰（左二）、玄天上帝（左一）。在新马地区德教会中，供奉无极老母者，只有紫瑞阁一家。紫瑞阁定期出版《紫瑞柳篇》乩文集，也曾出版《东马柳讯》与《会鸾乩文集》，并曾翻印《地狱游记》《天堂游记》《悟禅柳笺》《果菜治病验方》《济公活佛显灵相片》等。紫瑞阁每月农历初九、十九、二十九扶鸾，晚八点半扶乩开鸾，问事治病。也在每逢初一时开鸾，处理本阁阁务。1988 年时，紫瑞阁会员中男 160 名、女 70 名，合计 230 名。2015 年，阁长为曾国庆。

沙巴州亚庇兵南邦德教会紫和阁，2002 年 4 月 14 日（壬午年三月初二）安炉，主坛师尊李道明，守坛师兄成征。首任阁长陈精权。拿督陈秀山自 2007 年后长期担任阁长。

沙巴州亚庇德教会济和善社，创阁于 2007 年 11 月 24 日（农历丁亥年十月

---

① 本文是 2015 年教育部人文社会科学重点研究基地重大项目——《海外华人社会中的中国传统宗教信仰研究：现状、影响及对策》（项目批准号：15JJD810011）以及 2015—2017 年度中华全国归国华侨联合会课题——《新兴教派组织在海外华人社会中的传播、影响及对策研究》（课题编号：15BZQK217）的阶段性成果。

② 石沧金，暨南大学国际关系学院/华侨华人研究院副研究员。

十五日，济公圣诞日），传香阁为广东潮阳紫香阁。社名源出乩文：“济德为怀平苍生达安宁，和夷归道泽社稷以福祉。”设有乩务组，乩务发达，有著名的乩掌、龙华神笔钟德衡（钟金水），每逢礼拜天下午两点与星期四晚上八点半开鸾，积极在海内外推动创建德教会阁。出版乩文集《济讯真理》。创社缘子：戴荣强、陈文博、杨金保、黄清波、邱雅德。济和善社另设有博爱基金会。2010—2011 年，社长戴荣强，副社长谢瑞宝、邱雅德。

根据在沙巴亚庇的考察，我们得知，从紫瑞阁中分离出来的一批理事会成员另外组建了紫和阁，后来从紫和阁中又分离出来一部分理事会成员，他们创建了济和善社。所以，三家会阁之间有渊源关系。

早在 20 世纪 80 年代，为了加强各国各地区德教会阁之间的联系，推展德业，在全球范围内，德教的敦谊圆融大会以及环球大会鸾轰轰烈烈举办。德教会举办环球大会鸾的目的，是为了汇集各国慧掌（乩掌）以及全体德生，诚心应缘参鸾，互研乩理，互相砥砺，兴乩扬教，达到圆融，发扬德业。环球大会鸾期间，各国德教会乩务组积极参与乩务研讨会，探讨乩务组织、乩鸾发展、乩文分解及乩掌培训等课题。

德教会每隔三年举办一次环球大会鸾。1989 年，第一届环球大会鸾由泰国合艾的紫南阁主办；1992 年，第二届由马来西亚吉打州亚罗士打的济阳阁主办；第三届于 1995 年由新加坡济云阁承办；马来西亚沙巴州亚庇的德教会紫瑞阁于 1998 年接办第四届环球大会鸾；第五届环球大会鸾由泰国曼谷紫真阁于 2001 年主办；2004 年，第六届环球大会鸾由马来西亚柔佛州居銮紫銮阁主办；第七届环球大会鸾于 2008 年在新加坡主办；2010 年 5 月，泰国合艾紫南阁主办第八届环球大会鸾。

2013 年 10 月，澳门德教会济修阁主办第九届环球大会鸾、第八届世界德教敦谊圆融大会等系列活动。来自马来西亚、泰国、新加坡、澳大利亚、新西兰以及北美的德教领袖代表参与了盛会。

二、参与海外德教会的寻源活动及在中国创建会阁

根据国内德教会人士的说法，中国改革开放后，政治环境日渐宽松，促使海外德友开展个人性质的寻源活动。沙巴德教会组织积极参与了海外德教会在中国的寻源活动。

按照海外德教会的说法，1994 年，师圣已经开始降下乩文指示，应当推展

寻源工作，“促进德业回归华夏，复兴圣业与中原”。[①] 1995 年，泰国曼谷紫真阁借参加中泰建交 20 周年组团访华之机，把德教的沙盘、柳笔带回潮州、潮阳、普宁等地，在当地私人住宅开笔挥鸾，掀起复兴德教，回归中原的序幕。[②]

1996 年仲夏，泰南紫南阁举办银禧庆典。期间，在东道主陈成然阁长的安排下，遵照道济师尊示谕，应缘成立了“德教寻源史源委员会”，并即席推选马来西亚紫瑞阁阁长刘玉波为主任、泰国紫真阁阁长沈忠明为副主任。[③] 该委员会成员主要由马、泰两国的德教会重要人士组成。德教寻源史源委员会的成立表明海外德教会有组织的寻源活动正式拉开序幕。下表说明德教寻源史源委员会最初的寻源领导层“八缘子”的简要情况。

表 1　“八缘子”简况表[④]

姓名	寻源团职位	所属会阁及身份
刘玉波	主　任	沙巴亚庇紫瑞阁阁长
沈忠明	副主任	泰国曼谷紫真阁阁长
吕一潭	总　务	香港紫和阁副阁长
李光照	副总务	槟城紫云阁
黄木坤	公　关	霹雳怡保济德阁阁长
黄　鹤	秘书长	泰国曼谷紫真阁
谢玉德	执行秘书	沙巴亚庇紫瑞阁正秘书
陈国谦	委　员	柔佛新山紫书阁名誉阁长

1996 年秋，德教寻源会的刘玉波、刘禹文（香港紫和阁阁长）、吕一潭、陈

① 周达人主编：《寻源记》，德教寻源中心委员会（泰国德教会紫真阁），2001 年，第 108 页。

② 《紫真阁史铭》，《第五届环球德教大会鸾第四届世界德教敦谊圆融大会特刊》，泰国德教会紫真阁，2001 年，第 239 – 241 页。

③ 《德讯》第 28 期，马来西亚德教联合总会，2001 年，第 129 页。除李锦祥外，该委员会其余八人被德教会尊称为寻源“八缘子”。其后，随着寻源活动领导层的不断扩大，又相继出现“十三缘子”（1998）、“十八缘子”（2000）、“二十八缘子”（2004），增至涵盖新、马、泰、中的德教会领导者，但其核心成员还是刘玉波、沈忠明、刘禹文、黄木坤、吕一潭、陈钰标（吉打济阳阁阁长）、陈国谦、陈文博等人。参见《奉师谕寻源特辑 · 南昌紫阳宫朝圣及紫化阁兴德访问团》，马来西亚沙巴亚庇兵南邦德教会紫和阁编印，2004 年，第 3 页；《德讯》第 28 期，马来西亚德教联合总会，2001 年，第 129 – 130 页。

④ 《德讯》第 28 期，马来西亚德教联合总会，2001 年，第 129 页；周达人主编：《寻源记》，德教寻源中心委员会（泰国德教会紫真阁），2001 年，第 43 页。

国谦等人，与潮汕德友组成一支访问队伍，访寻了潮汕仅存的紫垣阁①。

1997 年，寻源会第二次会议在曼谷紫真阁举行，决定恢复德教紫系第一阁——紫香阁。当年 7 月 10 日，泰国紫真阁到台湾访问，回程时经过香港，在紫和阁参拜师尊及开鸾。当天道济师尊谕示："紫真、紫和、紫瑞应组德教寻源访问团，回国访问……"② 9 月 8 日（农历八月初七），三阁组成 72 人的寻源团，在陈文博（紫瑞阁署理阁长）、沈忠明、陈国谦、刘禹文、吕一潭、黄木坤等的率领下，前往潮阳和平英西港访问紫香阁。寻源访问团由沈忠明领导，举行参拜师尊及举行安炉仪式。礼成之后，由紫真阁正乩掌方强民及紫瑞阁正乩掌钟金瑞联手扶鸾。寻源团在紫香阁安炉请鸾，正式复建德教史上第一阁。海外德教会与祖籍地的德教会初步建立了跨国网络。

1998 年 3 月 13 日（戊寅年二月十五日），泰国紫真阁举行庆祝太上老祖圣诞特鸾时，太上老君降下乩文再次明示要成立"德教中原寻源中心"，到中国寻源，发扬光大德教。③ 同日，道济师尊也降下乩文"玉封德教中原寻源中心成立示谕"：其诗中隐含"协天阁颁敕玉封德教中原寻源中心成立委员会定三月初一于紫和鸾前就职"，以及"玉波忠明禹文金彪兴多黄鹤秋辉国谦廷荣文博一潭威德良锡合共十三缘子"。④ 当年 3 月 28 日（农历三月初一），由十三缘子组成的德教中原寻源中心在香港紫和阁宣誓就职。寻源活动成效的显现，促使海外德教会寻源队伍日益壮大，寻源活动在海外德教会中的影响与日俱增。寻源活动的目的地也开始走出潮汕地区，走向中国著名的道教、佛教圣地。例如，2002 年 8 月中旬，吉打济阳阁、大山脚紫济阁、北海紫道阁、亚庇紫瑞阁、山打根紫善阁、泰国紫真阁组成寻源访问团，到中国参观了北京的白云观、广化寺；在青岛海云庵举行紫藏阁安炉扶乩活动；在杭州访问净慈寺，参拜济公殿，举行五献礼及扶乩；在上海济愿阁参拜师尊济公。⑤

海外德教会寻源活动由成功的华人企业家发起主导。他们自身既对发扬德教事业充满热情，也对中国及中华传统文化抱有一定的情感。例如，作为两位颇具

---

① 紫垣阁位于达濠青云岩，创于甲申年（1944）六月初一，首任阁长由张祥耀及其子张德樵共襄其事。张祥耀曾是旅居越南的华侨富商，急公好义、乐善好施。年老后恬居家园，并建祖祠，兴学校。他延聘同宗、甲子人张兆熺（字紫垣，号甲山老叟，前清举人）为老师，教训子侄。两人关系甚洽，是诗友又是良朋。张兆熺去世后，遵照柳春芳师尊乩谕，被封为达濠青云岩十八石洞山神。张祥耀创建德教会阁时，为纪念老友，将其命名为"紫垣阁"。参见《潮汕德教仅存的紫垣阁》，刘禹文、吕一潭主编：《寻源记》①，德教寻源史源委员会，1998 年，第 9－14 页。

② 《德教寻源潮汕访问团简记》，刘禹文、吕一潭主编：《寻源记》①，德教寻源史源委员会，1998 年，第 29－33 页。

③ 刘禹文、吕一潭主编：《寻源记》①，德教寻源史源委员会，1998 年，第 2 页。

④ 刘禹文、吕一潭主编：《寻源记》①，德教寻源史源委员会，1998 年，第 1 页。

⑤ 参见《阳鸾教讯》，吉打德教会济阳阁，2003 年。

地位和影响的华商，寻源会成立后，刘玉波赞助经费港币 10 万元，陈国谦赞助港币 5 万元，紫真阁赞助港币 5 万元。[①] 刘玉波等在大陆从事商业活动。刘氏早在 20 世纪 80 年代就投资中国大陆运输业，并经常在潮汕地区举办慈善活动。20 世纪 90 年代，他捐献 800 万元人民币，在其祖籍地潮安兴建学校、污水处理厂，并修建公路。

在海外德教会的积极推动下，德教会阁纷纷在大陆创建或复建。海外德教会对于推动德教会在中国的复兴非常重视，一件重要的事件可以印证这一点。在 1998 年 12 月，沙巴州亚庇德教会紫瑞阁主办第四届环球大会鸾时，会议一项主题是关于德教中原寻源活动的。在此次大会鸾期间，神佛通过乩文颁命“十三缘子”决策在海外创立新阁。在同年召开的两年一度的寻源史源委员会第二次会议上，委员会的所谓“十三缘子”捐出 58 万港元，作为资助新会阁创办的基金。[②]

下表反映德教会在中国大陆的创建或复建情况。

表 2　海外德教会在我国催创德教会阁简表[③]

序号	所在地	会阁名称	创阁日期（农历）	创阁日期（公历）	备注
1	潮阳	紫香阁	丁丑年八月十七日	1997 年 9 月 18 日	“八缘子”寻源时复建
2	潮州	紫玄阁	戊寅年三月初三	1998 年 3 月 30 日	“十三缘子”寻源时创建
3	广州	紫映阁	戊寅年九月十九日	1998 年 11 月 7 日	“十三缘子”寻源时创建
4	南昌	紫化阁	戊寅年九月十九日	1998 年 11 月 7 日	“十三缘子”寻源时创建
5	普宁	紫宁阁	己卯年五月十九日	1999 年 7 月 2 日	“十三缘子”寻源时创建
6	普宁	紫普阁	己卯年八月初九	1999 年 9 月 18 日	“十三缘子”寻源时创建
7	深圳	济源阁	己卯年五月二十日	1999 年 7 月 3 日	“十三缘子”寻源时创建
8	潮州	道济阁	辛巳年二月初一	2001 年 2 月 23 日	“十八缘子”寻源时创建
9	丰顺	济心阁	辛巳年二月初二	2001 年 2 月 24 日	“十八缘子”寻源时创建
10	澄海	紫澄阁	辛巳年二月初三	2001 年 2 月 25 日	“十八缘子”寻源时创建
11	上海	济愿阁	辛巳年四月初四	2001 年 4 月 26 日	“十八缘子”寻源时创建

① 刘禹文、吕一潭主编：《寻源记》①，德教寻源史源委员会，1998 年，第 3 页。

② FORMOSE B. DE JIAO：A religious movement in contemporary china and overseas：purle qi from the East. Singapore：National university of Singapore，2010，Chapter VI.

③ 资料来源：《奉师谕寻源特辑·南昌紫阳宫朝圣及紫化阁兴德访问团》，马来西亚沙巴亚庇兵南邦德教会紫和阁编印，2004 年，第 92 页；劳树陪撰录：《济阳阁历年之活动记事》，载五十周年金禧纪念特刊编委会：《吉礁济阳阁庆祝道济天尊圣诞及创阁金禧特刊》，吉礁德教会济阳阁，2004 年，第 92 - 120 页；《德讯》第 28 期，马来西亚德教联合总会，2001 年，第 130 页；《道音》（创刊号），马来西亚亚庇德教会济和善社会讯，亚庇德教会济和善社，2009 年，第 10 页。

（续上表）

序号	所在地	会阁名称	创阁日期（农历）	创阁日期（公历）	备注
12	天津	紫航阁	辛巳年十月十二日	2001 年 11 月 26 日	
13	青岛	紫藏阁	壬午年七月初七	2002 年 8 月 15 日	
14	北京	紫鑫阁	壬午年十二月十二日	2003 年 1 月 14 日	
15	广州	紫光阁	癸未年四月初八	2003 年 5 月 8 日	
16	北京	济化阁	癸未年五月初五	2003 年 6 月 4 日	
17	汕头	紫屿阁	癸未年十一月十二日	2003 年 12 月 5 日	
18	新疆	紫疆阁	甲申年五月十五日	2004 年 7 月 2 日	
19	昆明	紫钦阁	甲申年五月十八日	2004 年 7 月 5 日	“十八缘子”寻源时创建
20	深圳	紫晃阁	乙酉年六月初一	2005 年 7 月 6 日	
21	普宁	紫缘阁	乙酉年六月初二	2005 年 7 月 7 日	
22	深圳	紫旻阁	乙酉年六月初五	2005 年 7 月 10 日	
23	安海	济成善社	戊子年六月初九	2008 年 7 月 11 日	在晋江，亚庇济和善社受邀协助安炉
24	泸西	紫峒阁	癸巳年五月十六日	2013 年 6 月 23 日	亚庇济和善社受邀协助安炉

根据济和善社乩务组 2015 年 4 月 21 日（乙未年三月初三）在印尼棉兰紫棉阁九周年庆典挥柳特鸾时的乩文，将会在广西创立德教组织，因为现实宗教环境，该组织名称拟定为“济公文化道德中心”。

沙巴的德教会组织也积极与中国的德教会组织加强联系，进行积极的交流合作。

2007 年 10 月，沙巴济和善社应邀到广州紫映阁“参缘挥柳交流”；2008 年 7 月，沙巴济和善社受邀协助中国晋江安海济成善社“安炉立鼎大典”；2008 年 10 月，沙巴济和善社拜访潮州黄田山的紫玄阁，联合广州紫光阁乩务组为揭东紫云阁“挥柳请鸾宣德”，并参加“九一八”德教祭祖大典，在杨瑞德墓前联合广州紫光阁乩务组“请鸾会柳”。[①] 2011 年 5 月 10 日（农历四月初八），广州紫光阁举行建阁八周年庆典时，与马来西亚沙巴济和善社联合举行扶鸾活动。

2011 年 5 月 14—23 日，广州德教会紫映阁和紫光阁两阁 11 名成员组成访问

① 《道音》（创刊号），马来西亚亚庇德教会济和善社会讯，亚庇德教会济和善社，2009 年，第 8 – 10 页。2007 年 9 月 18 日，德教创始人杨瑞德被协天阁封为“民德侯”，管理下届德教事务。按照协天阁旨意，每年农历九月十八日为海内外德教会的祭祖（杨瑞德）纪念日。

团，受邀到南马与当地德教会同德进行交流。此次南马之行，紫映、紫光两阁访问团先后共访问了森美兰、柔佛、雪兰莪等几个州的二十多家德教会阁，其中大部分在柔佛州。访问团此行最重要的任务是参加柔佛乌鲁地南济安善社的安炉活动①。此次中马德教会之间的交流活动主要由马来西亚德教联合总会副总会长、沙巴亚庇济和善社社长戴荣强先生等人发起、斡旋，进而最终促成。

三、推动印尼德教会的创建

根据我们对沙巴亚庇德教会有关负责人的采访，他们的说法是，李道明师尊在亚庇紫和阁降鸾时，曾示谕印尼多灾多难，因而应至少创立五家德教会，并按照五营兵马驻扎的行兵布阵原则，在东、西、南、北、中五个方位分别创建德教会阁，以逐渐减少印尼的灾难，保佑国泰民安。

在马来西亚德教会尤其是亚庇紫和阁与济和善社，以及中国德教会的推动下，印尼也建立了数家德教会。简要情况如下：

泗水紫泗阁，创阁时间为2006年7月19日（农历丙戌年六月廿四日）。紫泗阁一度陷入停顿，于2009年8月14日（农历己丑年六月廿四日）重建，并改名济缘善社，传香阁为亚庇济和善社和广东潮阳紫香阁。目前社长为许国照（客家人），副社长为薛常锦（福建福清人，新移民）。

棉兰紫棉阁创立于2006年，传香阁为泗水紫泗阁。原阁长陈明宗（福建南安人，当地华人富商），现任阁长陈锦兴。

三宝垄紫龙阁创阁时间为2006年7月21日（农历丙戌年六月廿六日）。传香阁为亚庇紫和阁。

雅加达紫弘阁建立于2006年7月23日（农历丙戌年六月廿八日），传香阁为亚庇紫和阁。

仙达济圣善社大约于2008年创阁。传香阁为亚庇济和善社和棉兰紫棉阁。

坤甸济心善社于2009年9月26日（农历己丑年八月初八）创阁。传香阁为成邦江紫川阁、亚庇济和善社。

2012年3月25日（农历壬辰年三月初四），印尼雅加达锦德堂安炉，堂主林锦成。林氏祖籍闽南，创办有加工小推车及简易卫星接收器的公司。他也是马

① 2010年12月24日（农历十一月十九日），广州德教会紫光、紫映两阁乩务组在紫光阁扶乩时，玄天上帝降鸾谕示在马来西亚柔佛乌鲁地南创立“济安善社”，意在“立社济安化灾无”，即通过创办济安善社，化解一方灾劫。玄天上帝并谕示沙巴亚庇济和善社负责筹建乌鲁地南济安善社，“委任济和作引陀”。2011年5月20日（农历四月十八日），乌鲁地南济安善社举行安炉仪式。济安善社的创建表明，不仅是海外德教会推动中国德教会的建立，中国德教会也开始推动海外德教新会阁的创建。

来西亚德教联合总会原会长周荣吉 Pesonic（遍是利）电器销售公司的代理商，代理公司设在雅加达。锦德堂安炉当天，周荣吉主持仪式，济和善社乩务组举行安炉时的扶鸾仪式。

亚庇济和善社不仅推动印尼德教会的创建，也积极推动它们会务的发展。在济和善社的促动下，印尼德教会组织每年会举办阁庆及相关扶乩活动。参加的外国德教会组织多来自马来西亚，也有来自中国、新加坡等国的德教会阁代表。

其他国家尤其是沙巴亚庇的德教会，积极参加印尼德教会的相关活动。2012年3月22日，先达济圣善社举办成立四周年阁庆，当天上午曾有扶鸾活动，亚庇济和善社和双溪拉兰明立善阁的乩务组在济圣善社进行了扶鸾。参加当天阁庆的有数十人，多为来自马来西亚的多家德教会阁的代表，比如北海紫道阁阁长陈顺和等人。2012年3月22日，棉兰紫棉阁举办成立六周年阁庆，笔者也有幸参加。参加当天紫棉阁阁庆的人员大体与参加济圣善社阁庆者相同。

2015年5月31日（乙未年四月十四日），雅加达锦德堂升级为济锦善社，并正式举行安炉仪式，社长林锦城。亚庇济和善社一直在积极推动济锦善社的建立，其乩务组并在安炉仪式上举行扶鸾活动。

四、创建十八罗汉护法缘子

沙巴亚庇德教会积极在马来西亚及其他国家创建德教会阁，推动德业拓展，这一点体现在十八罗汉护法缘子（宫观堂殿）的创建。

创建十八罗汉护法缘子（宫观堂殿）的乩文最早出现在沙巴亚庇紫瑞阁。

1997年建立的沙巴州亚庇临德观是首个十八罗汉宫观堂殿，到目前，遵照师尊示谕，应缘不断创建的宫观堂殿共有13座，参见下表。

表3　十八罗汉宫观堂殿简表①

序号	地名	堂名	创立时间（农历）	创立时间（阳历）	堂主名
1	马来西亚沙巴州亚庇	临德观	丁丑年正月初九	1997年2月15日	郑隆生
2	马来西亚沙巴州亚庇	博德堂	戊寅年二月廿四日	1998年3月22日	陈文博
3	马来西亚沙巴州山打根	朝德殿	庚辰年正月十五日	2000年2月19日	郭昭荣
4	文莱斯里巴加湾市	济德宫	庚辰年正月廿二日	2000年2月26日	刘小源
5	马来西亚沙巴州亚庇	瑞德观	辛巳年五月初一	2001年6月21日	吴瑞桃

① 本表部分资料由沙捞越古晋信德堂堂主林裕标德长制作并提供，谨致谢忱！

（续上表）

序号	地名	堂名	创立时间（农历）	创立时间（阳历）	堂主名
6	马来西亚沙巴州山打根	陇德堂	甲申年十一月十一日	2004 年 12 月 22 日	李　新
7	马来西亚沙捞越古晋	信德堂	丁亥年六月十九日	2007 年 8 月 1 日	林裕标
8	马来西亚沙巴州亚庇	金德堂	丁亥年八月廿九日	2007 年 10 月 9 日	杨金宝 陈金玉
9	新加坡	载德堂	丁亥年十一月廿八日	2008 年 1 月 6 日	洪载迪
10	马来西亚槟榔屿州槟城	显德殿	丁亥年十二月初三	2008 年 1 月 10 日	周荣吉
11	中国台北	舟德观	己丑年九月初二	2009 年 10 月 19 日	陈河舟
12	新加坡	峰德堂	辛卯年四月十五日	2011 年 5 月 17 日	陈振峰
13	印尼雅加达	锦德堂	壬辰年三月初四	2012 年 3 月 25 日	林锦成

从上表可以看出，十八罗汉护法缘子不仅创建并分布于马来西亚，也分布于新加坡、中国台湾、文莱、印尼等地。在马来西亚，东、西马都有护法缘子的宫观堂殿，而且东马尤多。

从十八罗汉护法缘子（宫观堂殿）的活动看，它们会有经常性的扶鸾，参加者多为与主人关系密切的德长。例如，2007 年农历四月，瑞德观曾扶鸾四次；同年农历四月、五月，博德堂也有近十次的扶鸾活动。此外，它们也像普通的德教会阁一样，举办周年阁庆，届时也会扶鸾，参加者更多。例如，2007 年 6 月 17 日（农历五月初三），瑞德观举办六周年观庆，当晚八点即在观中扶鸾。2009 年 8 月 9 日（农历六月十九日），信德堂举办二周年堂庆，并在堂中扶鸾。2011 年 10 月 1 日（农历九月初五），金德堂举行四周年堂庆并扶鸾。

每家德教会阁都有自己的守坛师兄，十八罗汉护法缘子（宫观堂殿）则各有其守坛童子①。例如，金德堂的守坛童子为成旺，博德堂的是成金，瑞德观的是成来，信德堂的是成赐，锦德堂的是成宏等。守坛童子和守坛师兄一样，是由那些生前具有名望的社会贤达，特别是那些对德业发展作出积极贡献的德长归天后转化成神的。

按照师尊在乩文中的示谕，十八罗汉护法缘子中存在淘汰机制、竞争机制。

① 不管是守坛师兄，还是守坛童子，他们成道后的名字均以“成”字开头。如，成晋是沙捞越美里德教会紫理阁的守坛师兄；成文是沙捞越德教会紫霞阁的守坛师兄；成华是沙巴斗湖德教会紫辰阁的守坛师兄；成征是沙巴兵南邦德教会紫和阁的守坛师兄；成喜是拿笃德教会紫瑜阁的守坛师兄；成安、成基均是沙巴州山打根德教会紫善阁的守坛师兄；等等。能够成为守坛师兄或守坛童子，在德教会内部是一种非常荣誉的象征。

即十八罗汉并非固定不变，如果某个护法缘子不能积极推动德业、弘扬德教，即使被纳入，也会被“踢出来”。

根据我们的观察，通过创建十八罗汉护法缘子（宫观堂殿）形成的意在推展德业的网络，体现出其经济网络性质的一面。[①] 例如，印尼锦德堂堂主林锦成是马来西亚槟榔屿州槟城显德殿主人周荣吉的遍是利公司产品在雅加达乃至印尼的代理商（文莱济道阁阁长邱福成也是遍是利公司产品在文莱的代理商，和周荣吉一样，邱福成也是马来西亚槟城人）。

当然，我们认为，十八罗汉护法缘子（宫观堂殿）在德教会内部是一个高端化的德教弘扬网络。十八罗汉的出现，表明德教会有向少数精英阶层集中的趋势。德教会内部希望借助“精英中的精英”来更有力地推动德教宏展。我们还认为，十八罗汉护法缘子（宫观堂殿）这种类似于私家神坛的德教组织，它们和一贯道等民间教派的家庭佛堂很相像，或者可能就是德教会借鉴一贯道等教派的成熟传教方式而出现的一种现象。

目前，在德教会内部高层，十分重视十八罗汉护法缘子的创建及发挥作用。

关于“十八罗汉护法缘子”这一现象的出现，原因大致有：以马来西亚沙巴亚庇济和善社戴荣强社长、龙华神笔钟德衡为中心的一批在马来西亚德教会颇具威望的德长们遵照师尊旨意，积极另辟蹊径，参与创建新阁；一些新创的会阁不遵从德规德理，因此，就要通过十八罗汉护法缘子合规合矩的示范带头作用，引导不懂“德规德理”的会阁“步入正途”；很多德友的亲属不参与德教活动，为鼓励及方便他们接近、了解德教，设立十八罗汉宫观堂殿。一般而言，十八罗汉宫观堂殿也具有私家神坛的特点。因此，它们的建立，既可以方便主人及其亲友的参拜，也方便他们利用自身的宫观堂殿来“发挥”在地域和人事的周围弘扬德教。

五、民德侯的敕封及降鸾

近几年，德教会内部的另一件大事就是早期的创教人杨瑞德被协天阁敕封为“民德侯”。杨氏于农历壬子年（1912）八月十八日出生，己未年（1979）九月十八日仙逝，享年67岁。关于他被封一事，其大致经过如下：

2007年10月28日（农历丁亥年九月十八日），沙巴亚庇济和善社扶鸾时，

---

① 著名学者陈志明先生也认为，德教“是一种潮籍商人借以保持生意联系……之组织”。参见陈志明著，苏庆华译：《马新德教会之发展及其分布研究》，吉隆坡：代理员文摘（马）有限公司，1991年，第85页。不过，目前的德教已逐渐突破过去那种属于潮籍华人宗教组织的局限。就本文提到的林锦成和邱福成而言，他们都是闽南人。

柳春芳师尊降下乩文谕示，蒙协天阁内相吕纯阳祖师颁布，擢升杨瑞德为民德侯，并定每年农历九月十八日（杨瑞德的忌日）为德教会祭祖日，以表示感恩及促进德教圆融团结。原乩文如下："盖自德教创立，仅及数十春秋，极时之盛，展布万方，恰如星辰，灼烁皆见，并称美谈，洵属天意，所谓立德必当有诚，成果自有其因。思半世纪以还，盛谈德教，载颂载扬，直跻道德之堦。门墙之中，奚分派别，翩翩德徒，苍苍岁月，德史桑沧，时势变迁，忽略德教创设之因由，埋没先贤立教之意义。迨于丁亥年九月十八日，沙巴济和善社，蒙玉清内相师尊降乩泄示，德教创始先贤杨瑞德前辈，受协天宠授天官圣职民德侯，职执德教事务。"按照此段乩文来理解，德教信徒（简称德徒）不能忘记杨瑞德创教之功，因此，协天阁敕封杨氏为"民德侯"。当日的扶鸾中，济公降下鸾文："今日得协天颁爵，九一八期飞升二九年，乃是二九数理也。所以今日中土德教流传广延，其功之良证也。海外德统倡盛，其功不可抹也。所以机运良契，终得以宣颁也。"① 乩文明示，杨瑞德归空29年后成道，属于"二九数理"；在海外广为传播的德教，其功要归于杨瑞德；他被封为民德侯，"机运良契"，理所当然。

当日扶鸾时，师尊柳春芳亦降下鸾文："瑞德吾徒，今夕擢登仙班，任升玉清爵宠民德侯，乃德府一大喜事也。望教徒宜思缅前贤创德之辛，饮水思源，德之流传杨公伟也。今日飞升廿九年，始得擢升民德侯，乃幸哉。……杨公缘约玉清，以后统察德统，所以创德立教，民德侯事理也。汝等宜传之可。"② 乩文中明确指出民德侯的职责为"统察德统""创德立教"，通俗讲就是管理凡间下界的德教事宜，尤其是要推广德教。

当日，聆听乩文的在场众德生恳求道济师尊邀引民德侯降鸾。旋即，在济公引导下，民德侯降下大幅鸾文，既有长句七言诗，也有谆谆教导众德生的文句。文句部分为："感哉诸生，老朽未敢奢求今日登侯爵，犹望德徒万千，能尊师训扬光大，以泽苍生，以化尘苦。瑞德创德之旨，乃以悯世之苦，祷天之缘。蒙天恩独爱，授以柳乩阐化，始得德之流传矣。今能登仙籍，亦感众生之体衷也。瑞德惶惶以承，玉清统率德教事务创德之职。以后一切德统创教，瑞德事命以督成之。望后辈体恤而共证之。今日幸缘得济公引荐，能临济和鸾前与诸生一晤，心感慰也。师也望济和众生能不畏权势利益，遵训共成大德。思愁之际，今尘世小人当道，乃是魔邪之炽。汝等当毅志以承之……"③ 民德侯在乩文中表明他将"督成""一切德统创教"，积极弘扬德业；并勉励众德生勇于承担，共扬德教。

---

① 以上乩文均引自《德讯》第38期，马来西亚德教联合总会，2010年4月，第108－111页。江崇德：《德教列史》，广东德德慈善社，2010年，第214－217页。

② 《鸾文汇编·济训真理》（第3辑），马来西亚沙巴州亚庇济和善社，第50页。

③ 《鸾文汇编·济训真理》（第3辑），马来西亚沙巴州亚庇济和善社，第53页。

为了纪念民德侯的创教之功以及潮阳紫香阁的德教发端者的地位，济公师尊在2007年济和善社安炉时降鸾谕示："紫香为德教始源祖，天命玉旨已颁，九一八为紫香祭祖日，所以海外德教徒子宜记此日，往潮阳紫阁祭祖，应该定每年九月十八日，为德教祭祖日，德教四海德徒宜参之。"

2008年5月26日（农历戊子年四月二十二日），潮阳紫香阁发布正式书信，邀请海内外德友参加当年的祭祖大典，并且确定每年农历九月十八日为德教的祭祖日。

协天阁敕封杨瑞德为民德侯后，海外德教人士认为，应当积极遵照乩文谕示，更好思缅先贤前辈创德苦心，德徒应该饮水思源。于是他们积极响应意义重大的九一八德教纪念日。2008年（农历戊子年），在中国广东德教总会的筹备以及安排下，在德教发源地潮阳和平乡成功举办"第一届九一八祭祖大典"。2008年的祭祖活动内容主要包括：9月17日，参观紫香阁旧址；9月18日上午，于报德善堂参拜宋大峰祖师，后举行民德侯祭祖仪式。下午，在宋大峰祖师坛前举行会柳盟鸾。

2009年（农历己丑年）9月，在马来西亚德教联合总会（简称"马德联总"）的号召下，全马德教团体的两百多名德徒和海外其他各地的德徒，共三百余人，参加"第二届九一八祭祖大典"。祭祖盛典仪式由沙巴亚庇济和善社钟德衡（龙华神笔）主持，紫香阁阁长杨米酒主献，马德联总陈钰标总会长、泰国德教慈善总会范清松副会长、印尼棉兰紫棉阁陈锦兴德长、"二十八缘子"李斯仁德长陪献，其他三十多个德教会的首席代表也就位敬礼。他们向民德侯上香致敬，后举行德教传统仪式即恭诵德典，献礼，诵读天表，行三跪九叩礼。当天下午，泰国紫真阁、广州紫映阁、玻璃市紫阳阁、亚庇济和善社几个阁的乩务组举行特柳会鸾，至下午五点多结束。[①]

根据乩文记载来看，民德侯被敕封后，也不断在不同阁所临鸾降乩。2007年11月10日（农历丁亥年十月初一），民德侯降鸾于济和善社；11月22日（农历十月十三日），民德侯再次降鸾于显德堂开幕前夕的请鸾中。2008年4月6日（农历戊子年三月初一），印尼先达济圣善社安炉立鼎仪式上，举行特鸾。当时，民德侯亦降鸾，并说自己："爵守德任，督施教道，兢兢以克成，时时不怠。"[②] 同年10月15日（农历九月十七日），即在"九一八"祭祖大典前夕，在中国潮阳紫香阁举行特柳会鸾，期间民德侯降乩，并给子孙写乩文教导："望杨

① 《德讯》第38期，马来西亚德教联合总会，2010年，第111－112页。
② 《鸾文汇编·济训真理》（第5辑），马来西亚沙巴州亚庇济和善社，第36页。

门弟子，切记师训，重振紫香，兴吾家风，和融敦睦，任劳任怨，克裘成业。”[1]次日，正式举行祭祖大典，扶鸾时，民德侯再降乩文，指明：“修德之道，毕竟考验，所以率身扬德，勿以私扰之，则可成大望也。德之任担，实事求是，正义昭然，明识教训，中土德统合成匡之。”[2] 他希望众德生公而忘私，甘当表率，弘扬德教。他也希望在众德生的努力下，德教在中国复兴起来。2009 年 9 月 26 日（农历己丑年八月初八），在印尼坤甸济心善社安炉立鼎仪式上，民德侯降鸾：“坤甸济心立教，福惠人间……”“印尼德统缘子，宜明德义，广施群众可，则达世之认同也。”[3] 2010 年 1 月 23 日（农历己丑年十二月初九），吉隆坡蒲种宋昭阁庆祝创阁四周年，举行挥柳特鸾期间，民德侯降乩，他一方面奉协天圣谕，明示关丹济修善社的创阁安炉时间；同时，命紫如阁、宋昭阁、济和善社传香于济修善社。[4]

2011 年 9 月 15 日（农历辛卯年八月十八日），广州紫映、紫光两阁乩务组应邀参加文莱德教会济道阁五周年庆典会柳鸾文时，先是潮州人普遍信仰的玄天上帝降鸾，其后民德侯同临。同月 23 日（农历八月二十六日），广州紫映、紫光二阁预祝孔夫子先师圣诞暨紫光阁周五常课鸾文时，民德侯再次临鸾，他“应北帝之约，鸾台批示俗务”。

此外，在马来西亚，民德侯还曾降鸾于沙巴丹南济南善社、柔佛乌鲁地南济安善社、彭亨关丹济修善社、雪兰莪适耕庄紫沛阁、沙捞越木中紫中阁等。另外，中国潮州普宁紫普阁、印尼泗水济缘善社、印尼棉兰紫棉阁等地的阁所扶鸾时民德侯亦临鸾。民德侯降鸾于上述这些会阁，缘于当时亚庇济和善社乩务组在它们当中扶鸾。

随着更多阁所对民德侯仙佛地位的认可，相信民德侯会促进德教会的传播，加强德教会内部的团结圆融。

沙巴亚庇德教会积极、活跃的跨国活动，推动了德教会跨国网络的建设和扩展，进而扩大了德教会的影响，也提升了本身在德教会内部的地位和影响。

---

① 《鸾文汇编 · 济训真理》（第 6 辑），马来西亚沙巴州亚庇济和善社，第 52 页。
② 《鸾文汇编 · 济训真理》（第 6 辑），马来西亚沙巴州亚庇济和善社，第 56 页。
③ 《鸾文汇编 · 济训真理》（第 8 辑），马来西亚沙巴州亚庇济和善社，第 41 页。
④ 《鸾文汇编 · 济训真理》（第 8 辑），马来西亚沙巴州亚庇济和善社，第 152 页。

附录一

婆罗洲华人国际学术研讨会筹备会名单

名誉顾问：丹斯里拿督张晓卿爵士、许赞礼医生、本固鲁蔡雄基、拿督刘乃好、天猛公刘利民、黄益隆博士、天猛公刘金荣、陈发枝、拿督吴标生博士、许德忍、詹健运、拿督黄敬鸿

联席主席：陈锡监、曹云华教授

副主席：江宗渺、王长福、许聿光、刘孙瑞

联席秘书：刘锦虎、石沧金博士、唐翀博士

财政：许益品

文书组：蔡增聪、余雪兴、林礼长、杨诒钫

议事组：吴诰赐、朱敏华、黄孟礼

报到组：梁武煌、陈秀凤、林红吟

总务组：刘锦虎、许益品、陈益丰

接待及膳宿组：江宗渺、甲必丹许道平、孔佑财

委员：方友麟、本固鲁孙春富、黄生光、李福安、沈象文、林吴碧祥、黄保康、沈泳庆、吴道霖

附录二

第一届婆罗洲华人国际学术研讨会议程

联办单位：砂拉越华族文化协会、暨南大学华侨华人研究院

Organizers：Sarawak Chinese Cultural Association，Academy of Overseas Chinese Studies，Jinan University

日期：2015 年 7 月 18—20 日　Date：July 18th—20th，2015

地点：诗巫晶木大酒店　Venue：Kingwood Hotel，Sibu

7 月 18 日 07：45—08：35	报到 Registration
08：45 - 09：30	开幕式 Opening Ceremony 1. 筹备会联席主席暨文协会长陈钖监致欢迎词 2. 筹备会联席主席暨暨南大学华侨华人研究院执行院长曹云华教授致辞 3. 大会嘉宾沙捞越州第二财政部长兼地方政府及社区发展高级部长拿督斯里黄顺舸致开幕词暨主持开幕式 4. 赠送纪念品、合影留念
09：30—10：00	茶点 Tea Break
10：00—10：50	论文报告 Session（1） 主持人：郑一省教授 1. 曹云华教授：婆罗洲华人的特性：以印尼山口洋的客家人为例（Prof. Cao Yunhua，*The Characteristics of Borneo Chinese：With Special Reference to the Singkawang Hakka*） 2. 田英成先生：沙捞越华人宗族社会组织结构与形态（Mr. Chan Eng Seng，*The Structure & Pattern of the Chinese Lineage Society in Sarawak*）

（续上表）

10：50—12：05	论文报告 Session（2） 主持人：唐翀博士 3. 黄建淳教授：台湾侨教政策与砂拉越留台同学会的历史考察 （Prof. Huang Jiann Chen，*Taiwan Education Policy on Overseas Chinese & the Sarawak Taiwan Graduates' Association：A Historical Survey*） 4. 郑一省教授：印尼华人社团的在地化初探 （Prof. Zheng Yisheng，*A Study on Localization of Chinese Organizations in Indonesia*） 5. 石沧金博士：沙巴亚庇德教会的跨国活动 （Dr. Shi Cangjin，*Moral Uplifting Society of Kota Kinabalu，Sabah：A n Active Translational Networks Mover*）
12：05—12：50	午餐 Lunch
12：50—14：05	论文报告 Session（3） 主持人：吴诰赐先生 6. 阮光安先生：婆罗洲古名略考——兼看古代中国与婆罗洲的联系 （Mr. Wan Kong Ann，*The Origin of the Name "PoLuoZhou" and a Review on the China - Borneo ancient Contact*） 7. 嘉尔蓝谷先生、周丹尼女士：他的历史、她的历史：英吉利里和鲁勃安都的华伊通婚（Mr. Jayl Langub，Dr. Daniel Chew，*His History，her story：Chinese - Iban intermarriages in Engkilili and Lubok Ant*） 8. 林青青女士：杆秤与巴冷的银铛回响——浅谈沙捞越华人与达雅人的族群关系进程（Ms. Ling Ching Ching，*Clangorous Resonance of Steelyard and Parang：A Discussion of the Course of Chinese - Iban Relations*）
14：05—15：20	论文报告 Session（4） 主持人：石沧金博士 9. 聂德宁教授：文莱华侨华人的历史考察（Prof. Nie Dening，*A Historical Survey on the Chinese in Brunei*） 10. 唐翀博士："一带一路"战略与东亚秩序及其对中马关系的影响（Dr. Tang Chong，*"One Belt and One Road" Strategy & East Asia Order：Its Impact on China - Malaysia Relations*） 11. 陈琮渊博士：婆罗洲华人与海上丝绸之路：历史与现状（Dr. Chen Tsung Yuan，*Borneo Chinese & Maritime Silk Road：A Past & Present*）

（续上表）

15：20—15：50	茶点 Tea Break
15：50—16：30	综合讨论 Concluding Remarks 主持人：曹云华教授
16：30	研讨会闭会 Close
7 月 19 日	参观诗巫黄乃裳纪念公园、富雅各纪念公园、土著伊班人长屋
7 月 20 日	早上，先后参访诗巫华人社团联合会、黄乃裳中学、诗巫福州公会、砂拉越华族文化协会等。 中午，参访砂拉越科技大学。 下午，参访诗巫《卫理报》、诗巫玉龙山天恩寺等。

后　记

本论文集能够出版，我们首先要感谢暨南大学国际关系学院/华侨华人研究院张振江院长及潮龙起教授同意将其纳入“世界华侨华人研究文库”并给予出版资助。

婆罗洲（印尼称之为加里曼丹岛）地域广阔，包括马来西亚的两个州（沙捞越、沙巴），文莱，以及印尼的四个省（西加里曼丹省、东加里曼丹省、南加里曼丹省、中加里曼丹省），历史人文独特，当地的华人社会也具有鲜明特点。而相关学术界对婆罗洲华人的研究比较薄弱，暨南大学国际关系学院/华侨华人研究院作为教育部人文社会科学重点研究基地，有必要在这方面做一些有益的工作。

目前，中马两国在政治、经济、文化、教育等诸多领域的关系日益深化，在此背景下，从 2014 年下半年开始，暨南大学国际关系学院/华侨华人研究院与马来西亚砂拉越华族文化协会经过多次协商，决定双方进行合作，并最终于 2015 年 7 月成功主办了“第一届婆罗洲华人国际学术研讨会”。

会议期间，沙捞越州第二财长兼地方政府及社区发展高级部长黄顺舸（拿督斯里）在研讨会开幕式上发表讲话，对此次研讨会的召开给予热情支持。而沙捞越当地诸多华社领袖也主动捐款，对研讨会给予热情资助和支持。

由于砂拉越华族文化协会的大力宣传和积极组织，当地华社对此次研讨会反响热烈，报名参加此次研讨会的听众约 220 人。砂拉越华族文化协会原计划吸引 120 人前来参加，实际报名人数大大超出估计，以致原定的会场难以容纳。

当地主流华文媒体《诗华日报》《星洲日报》等对此次研讨会及会后专家学者们对当地华人社会的考察活动，多次进行了详细的报道。

“2015 年婆罗洲华人国际学术研讨会”集中研讨婆罗洲地区的华人问题，提交研讨会的论文内容探讨沙捞越、沙巴、文莱、印尼加里曼丹地区的华人问题，以及华人与当地土著民族（主要是华人与伊班人）的关系等，题材比较广泛。在此次研讨会上发表论文者，多位是研究婆罗洲华人问题的资深专家。

总之，对婆罗洲华人问题研究而言，“2015 年婆罗洲华人国际学术研讨会”的成功举办为其启动了一个很好的开端。

我们感谢积极筹办此次会议的相关领导及有关人士，也非常感谢热心资助本次研讨会的东马华人领袖！

感谢暨南大学出版社徐义雄社长、黄圣英副社长和华侨华人研究事业部冯琳主任对本书出版所给予的积极支持，感谢责任编辑牛攀和责任校对周海燕、邓丽藤等。

2016 年 7 月，“第二届婆罗洲华人国际学术研讨会” 在广西南宁成功举办。我们深信，对婆罗洲华人的研究事业必将得到进一步推动！

主编者谨识

2016 年 7 月